我
们
一
起
解
决
问
题

小帽子里的大兔子

读懂巴菲特
致股东信的100条金句

杨天南　著

王海虎　整理

人民邮电出版社

北　京

图书在版编目（CIP）数据

小帽子里的大兔子 : 读懂巴菲特致股东信的 100 条金
句 / 杨天南著. -- 北京 : 人民邮电出版社，2025.
ISBN 978-7-115-66416-7

Ⅰ. F837.124.8

中国国家版本馆 CIP 数据核字第 20259HR252 号

内 容 提 要

　　著名投资家巴菲特每年都亲自撰写一封致股东信，信中信息庞杂，对普通人来说，阅读有一定难度。本书则从庞杂的内容中，摘录 1958—1993 年巴菲特致股东信中的 100 条金句（包括英文原句和中文翻译），进行深入解读。从对股票市场的认知、买入时间和价格的选择、股票的选择、企业的管理、做人做事的原则等维度，讲解巴菲特的投资逻辑和人生原则。这些投资逻辑和人生原则，是巴菲特取得一生成就的经验总结，简单易懂，可以帮助我们更好地在投资、生活与工作中做出正确的决策。

　　本书适合想要学习投资理财知识的读者阅读。

◆ 　　著　　杨天南

　　责任编辑　秦　姣　王飞龙
　　责任印制　彭志环

◆ 人民邮电出版社出版发行　　北京市丰台区成寿寺路 11 号
　　邮编 100164　　电子邮件 315@ptpress.com.cn
　　网址 https://www.ptpress.com.cn
　　北京鑫丰华彩印有限公司印刷

◆ 开本：880×1230　1/32
　　印张：6.75　　　　　　　　　2025 年 3 月第 1 版
　　字数：100 千字　　　　　　　2025 年 3 月北京第 1 次印刷

定　价：59.00 元

读者服务热线：（010）81055656　印装质量热线：（010）81055316
反盗版热线：（010）81055315

序言

　　杨天南老师在 2020 年发起了《天南解读巴菲特六十年股东信》的学习计划，并立下宏愿——"十年读十遍"，众同学积极响应，共同学习。截至 2024 年，天南老师已经带领同学们完成了巴菲特致股东信的第四年的学习。

　　巴菲特致股东的信包含早期巴菲特写给合伙人的信和巴菲特写给股东的信两个部分，始于 1957 年，到 2024 年已经有 67 年的历史，总篇幅合计约 150 万字。

　　巴菲特致股东信卷帙浩繁，跨越时空，囊括万千，凝结了巴菲特一生的智慧，包括投资知识、企业管理、人生智慧等。天南老师的解读融入了他 30 年投资生涯的经验和丰富的人生哲学，凝聚了两代人的智慧，融合了东西方文化。

　　解读巴菲特致股东信期间，在边际增量不大的情况下，天南老师摘录了历年股东信中脍炙人口的 100 条经典语录，起名"英文金句 100 条"，特别录制了一门音频课程《巴菲特英文金句 100 条》。该课程被用作视频直播抽奖的礼品，省去了实物礼品的快递问题，实现了多快好省的目的。同时，该课程作为一门英语学习的课程，可供家庭中父母与孩子一起学习。这门音频课程无意间起到了多重作用，体现天南老师"重要的事情轻松做、多利多赢"的做事原则。

　　我有幸数次收听了这门音频课程。课程中，天南老师讲述了每一条金句中关键词的词义和整条金句的意思，还提供了金句背后的故事、人物、历史时间等重要信息。天南老师的讲解抽丝剥茧，详尽通俗，风趣幽默。

天南老师毕业于美国圣地亚哥大学金融专业，懂英文，有极强的文字驾驭能力，具有 30 年的投资经历，而且他还是一位具备跨学科技能的投教专家。

天南老师把自己的投资智慧与人生哲学融入了解读当中。每个认真聆听学习的大小朋友，都将受益匪浅。

收听完音频节目，我产生了把音频课程整理成文字的想法。我在把金句分门别类、归纳整理的过程中，无意间窥探到了这门课更多的学习价值，它包含英文语法句型的学习、天南老师的精妙翻译、比较完整的投资智慧、巴菲特管理企业的基本原则，还有丰富的人生哲学。本书收录了 1958—1993 年巴菲特致股东信中的 100 条经典句子，展现了巴菲特的人生智慧。

在着手整理巴菲特英文金句的过程中，我得到了天南老师全方位的指导和帮助，感谢天南老师为投教工作的极大付出和忘我的情怀。人民邮电出版社的王飞龙老师及其他老师们，在选题、出版方案设计、标题整理、审核意见等方面给出了专业的指导意见，这也给了我极大的帮助，感谢各位老师和同仁的指导与辛勤付出。

王海虎

2024 年 12 月

/ 目 录 /

001 ● 大众对股市赚钱的迷信，会带来大麻烦 / 002

002 ● 追求买得便宜，而非卖得贵 / 004

003 ● 人生中的绝大多数错误都是因为忘记了最初想要什么 / 006

004 ● 不因为变化而去做超出自己能力范围的事 / 008

005 ● 专注于接下来会发生什么，而不是它什么时候会发生 / 010

006 ● 投机既不违法，也不缺德，但也发不了大财 / 012

007 ● 经验：寻而不得时得到的东西 / 014

008 ● 股票的内在价值会在某一时点，通过股价表现出来 / 016

009 ● 如果客户理念不同，就按自己的既定原则行事 / 018

010 ● 称重机与投票器 / 020

011 ● 不要跟一只投资的兔子赛跑 / 022

012 ● 好的回报来自企业的出色经营，而不是股价的波动 / 024

013 ● 没人能预测市场的短期走向 / 026

014 跟好人打交道 / 028

015 有很多事做，做了很多事 / 030

016 从小帽子里抓出大兔子 / 032

017 预测对于了解未来没有意义 / 034

018 不值得做，就不要去做 / 036

019 预测是危险的 / 038

020 未来不会跟过去一样 / 040

021 从来不进行恶意的并购 / 042

022 收购企业的六个原则 / 044

023 保持简单，不忘初心 / 048

024 市场不会原谅那些不知道自己在干什么的人 / 050

025 大多数投资分析都是从后视镜中总结经验 / 052

026 价格是你付出的，价值是你得到的 / 054

027 摆脱旧观念是最困难的 / 056

028 我是否能竞争过这家企业 / 058

029 宁愿放弃，也不过高使用杠杆 / 060

030 吃自家做的饭（相信自家的品质，树立信誉） / 062

031 误导他人，最终也会误导自己 / 064

032 给好企业、对的人提供好的归宿 / 066

033 什么都不做，是最难的事 / 068

034 留存利润应该创造等量的价值 / 070

035 收获大于路费，就要积极地去参与 / 072

036 优秀的管理层，应该是那种你愿意自己女儿与他结婚的人 / 074

037 买入价格打折的好企业 / 076

038 上了一艘漏水的船，修船不如换艘船 / 080

039 能数到10的马，算不上了不起的数学家 / 082

040 关注买入的价格 / 084

041 最想知道自己会死在哪里，然后永远都不去那个地方 / 086

042 我为芒格提供了充足的错误案例 / 088

043 说好话时，手里还需要有枪 / 090

044 最大的贡献是没有妨碍他们工作 / 092

045 招募比自己强的人 / 094

046 与自己喜欢和欣赏的人一起工作 / 096

047 不要跟自己不喜欢的人一起工作，就像不要为了钱而结婚一样 / 098

048 一直努力专注于目标 / 100

049 选择一家企业的标准 / 102

050 别人恐惧我贪婪，别人贪婪我恐惧 / 104

051 好公司的生意模式十年不变，而且一直赚钱 / 106

052 人们从历史中能学到的，就是从来不从历史中吸取教训 / 108

053 被忽视的地方，往往会让你竹篮打水一场空 / 110

054 买入时的关注点 / 112

055 只要内在价值令人满意，就永远持有股票 / 114

056 要成为企业分析员，而不是证券分析员 / 116

057 随时带着猎枪 / 118

058 让管理者放手去干 / 120

059 财务造假的危害大于抢劫银行 / 122

060 跟自己欣赏的人一起共事，是一件乐事 / 124

061 对未来一年的市场，永远不做任何预测 / 126

062 高增长率不可能无限持续下去 / 128

063 高增长率会自动减速 / 130

064 把时间花在自己不了解、不喜欢的对象上，是不明智的 / 132

065 如果不懂珠宝，那就去搞懂你的珠宝商 / 134

066 被人当成傻子也没关系，只要我们知道自己不傻就行 / 136

067 我应该在五十多年前就让爷爷买入可口可乐的股票 / 138

068 烂公司不可能通过会计手段变成好公司 / **140**

069 便宜的价格让雪茄烟蒂也有利可图 / **142**

070 时间是好公司的朋友，是平庸公司的敌人 / **144**

071 好骑师要配上好马才能有好成绩 / **146**

072 寻找那些可以跨越的栏杆 / **148**

073 学会避免难题 / **150**

074 做容易的事 / **152**

075 要避开恶龙，而不是杀死它们 / **154**

076 跟坏人永远都做不成一桩好生意 / **156**

077 宁要跌宕起伏的高回报，也不要四平八稳的低回报 / **158**

078 找到能人，并为他们提供可以发挥能力的环境 / **160**

079 股价低迷的主要原因是悲观情绪 / **162**

080 与日常生活相比，股票市场受情绪影响更大 / **164**

081 乐观是理性投资者的敌人 / **166**

082 很多人宁愿死也不愿意思考 / **168**

083 我们需要一些运气 / **170**

084 双重收益 / **172**

085 我死后五到十年才会退休 / **174**

086 • 盯紧赛场，而不是记分牌 / 176

087 • 后视镜总是比前挡风玻璃看得更清楚 / 178

088 • 有经济特许权的商品的三个特点 / 180

089 • 频繁交易的人不能被称为投资者 / 182

090 • 如果一开始就成功了，那就没必要再尝试其他的 / 184

091 • 我们没有预测神奇企业的能力 / 186

092 • 最大的错误在于可做而未做 / 188

093 • 真诚赞美的威力 / 190

094 • 让伯克希尔 - 哈撒韦公司的股票物有所值 / 192

095 • 股评家与算命先生 / 194

096 • 持续练习，可以让你的表现变得稳定、持久 / 196

097 • 当潮水退去，才知道谁在裸泳 / 198

098 • 傻瓜和他的钱，到处都受欢迎 / 200

099 • 在错误的道路上冲刺就是白费力气 / 202

100 • 模糊的正确胜过精确的错误 / 204

001

大众对股市赚钱的迷信，会带来大麻烦

【金句原文】

I do believe that widespread public belief in the inevitability of profits from investment in stocks will lead to eventual trouble.

我坚信，越来越多的大众相信在股票市场中肯定能赚钱，这必将会带来大麻烦。

英文知识点

do believe 坚信

inevitability *n.* 必然性

profits from investment in stocks 从股市投资中赚钱

【金句解读】

出自 1958 年巴菲特写给投资合伙人的信。

当时，巴菲特已经成立了巴菲特合伙企业，尚未掌控伯克希尔－哈撒韦公司，所以那个时候的信件是写给投资合伙人的，而不是写给股东的。

这句话只按照字面意思翻译，听起来就会很别扭，通常，句子翻译成中文以后，还需要打磨一番，才能方便中文读者理解。

越来越多的大众相信自己能在股票市场中赚钱，是因为产生这种想法的时候，市场通常是牛市，大多数人都能够轻松地赚到钱，但牛市过后，最终会一地鸡毛。

经历了一个完整股市周期的人一定明白，要想长期待在股票市场里不被市场淘汰，一定要买在无人问津时，卖在人声鼎沸时。还有一种说法是，好的投资都是在坏的时候做出的。

小朋友们如果在读英文的过程中，懂得了这一条金句，那么在 20 年后，也许能少走一段人生的弯路。

002

追求买得便宜，而非卖得贵

【金句原文】

Our business is making excellent purchases, not making extraordinary sales.

我们的生意追求买得便宜，而非卖得贵。

> **英文知识点**
>
> purchase *n.* 买
>
> sale *n.* 卖
>
> extraordinary *adj.* 卓越的

【金句解读】

出自 1963 年巴菲特写给投资合伙人的信。

一笔股票交易是由买卖双方达成一致才促成的。买家一定是希望买价越低越好，就像我们购买其他物品一样，希望物美价廉；之后在价格合理或者高估的时候卖出，这样才能够轻松赚钱。如果一笔交易只有卖在高价才能够赚钱的话，一定是需要出现一个"傻子"，出高价才能成交。这样的交易是非常危险的。如果买得便宜，那么将来大概率能赚钱，这就是这条金句背后的智慧。这也印证了我们常听到的一句话，一笔投资是否赚钱，在买入的时候就已经决定了。

003

人生中的绝大多数错误都是因为忘记了最初想要什么

【金句原文】

One of my friends—a noted West Coast philosopher maintains that a majority of life's errors are caused by forgetting what one is really trying to do.

我的一位朋友，著名的西海岸哲学家，他坚持认为人生中绝大多数错误都源自忘记了初心。

英文知识点

West Coast 西海岸

philosopher *n.* 哲学家

【金句解读】

出自 1963 年巴菲特写给投资合伙人的信。

这里提到的"著名的西海岸哲学家",就是巴菲特的终生挚友查理·芒格。这是巴菲特第一次在写给合伙人信中提及芒格,那一年巴菲特 33 岁,芒格 39 岁。此时,巴菲特和芒格已经认识四年了,两个人关系非常好,但住处离得比较远,巴菲特住在美国中部的奥马哈,而芒格住在美国西部的洛杉矶,那里靠海,所以被称为西海岸("West Coast")。

"人生中绝大多数错误都源自忘记了初心",这句话说得太好了。

读这本书的很多小朋友是为了学习英文,顺便学习投资故事、财商知识,或人生道理。家长们的初心是为了让孩子们茁壮成长。父母在有能力的时候给孩子提供一些保护和支持,希望孩子变成一个有能力的人,孩子也应该把自己的努力和成长,作为对自己最基本的责任。爸爸妈妈关心孩子是应该的,保护孩子也是应该的,但是,孩子们自己也要尽到对自己的责任。这便是初心。

在《一个投资家的 20 年》一书中,有篇文章叫《阿威开学了》,其中提到过责任感的四个层次:一是对自己的责任;二是对小家庭的责任;三是对大家庭的责任;四是对社会的责任。小朋友们要不忘初心,做个有责任感的有用之才。

004

不因为变化而去做超出自己能力范围的事

【金句原文】

These conditions will not cause me to attempt investment decisions outside my sphere of understanding.

我不会因为周围的情况变化了，就尝试去做超出自己能力范围的投资决策。

英文知识点

these conditions 这些状况，这里是指我们周围经常变化的情况

attempt *v.* 尝试

investment decision 投资决策

sphere of understanding 能力范围

【金句解读】

出自 1966 年巴菲特写给投资合伙人的信。这一年巴菲特 36 岁。

能力范围就是"知道自己能吃几碗干饭"。培养自己的能力范围，就是培养自己在懂得的范围内做决策，不因为周边环境变化了，而改变自己的决策，去做能力范围之外的事情。比如，一个人懂绘画而不懂机械制造，就不应该在机械制造方面做决策；一个人懂手机制造而不会弹钢琴，就不应该指导别人如何去弹钢琴。这非常重要，在不熟悉的情况下，不要乱做决策。

005

专注于接下来会发生什么，而不是它什么时候会发生

【金句原文】

In other words, we tend to concentrate on what should happen, not when it should happen.

换言之，我们倾向专注于接下来会发生什么，而不是它什么时候会发生。

英文知识点

concentrate *v.* 集中注意力

【金句解读】

出自 1966 年巴菲特写给投资合伙人的信。

这是很有辩证思维的一句话，它告诉我们，在投资过程中不要试图去预测股市，因为没有人能够预测股市什么时候涨跌，我们应专注于接下来会发生什么，而不是它什么时候会发生。

这是一条至理名言，无论你是六岁还是六十岁都适用。小朋友越早明白这句话，越大概率能少走弯路，在认知上领先同龄人。

006

投机既不违法，也不缺德，但也发不了大财

【金句原文】

My mentor, Ben Graham, used to say, "Speculation is neither illegal, immoral nor fattening (financially)".

我的导师本杰明·格雷厄姆曾经说过，"投机既不违法，也不缺德，但也发不了大财"。

英文知识点

mentor *n*. 导师

speculation *n*. 投机

illegal *adj.* 不合法的

immoral *adj.* 不道德的

fattening *adj.* 使人发胖的，金融上指使人发家致富

【金句解读】

出自 1967 年巴菲特写给投资合伙人的信。

从金融的角度来说，投机既不违法，也不缺德，但也发不了大财、赚不了大钱。在股市上频繁交易，今天赚钱，明天亏钱，盈亏往复，长此以往，自己的青春就浪费在了不断的投机交易之中。

如今的小朋友，如果在十岁左右就读到了这句话，明白了要做有价值的事情，不投机，并且把同样的理念应用到自己的人生中，那么将能受用终身。

007

经验：寻而不得时
得到的东西

【金句原文】

As a friend of mine says, "Experience is what you find when you're looking for something else".

我的一位朋友说过："经验就是当你去寻找一个东西而未得时，你所得到的东西。"

> **英文知识点**
>
> experience *n.* 经验，经历

【金句解读】

出自 1967 年巴菲特写给投资合伙人的信。

所谓经验，就是你想找的东西没有找到，但是你意外得到了一些额外的东西。

举个例子，笔者举办过多期少儿财商朗读比赛。比赛过程中，一个家庭在集赞争夺冠军小金人的过程中，即使没有夺得冠军，也能从每日坚持财商朗读、向陌生人集赞，以及进行人生十练的过程中，获得对社会的认知，进而获得成长。

注：小朋友的人生十练具体如下。

一练口才表达；

二练作文水平；

三练勇气自信；

四练真诚赞美；

五练世事洞明；

六练人情练达；

七练责任担当；

八练规划管理；

九练财商知识；

十练赚钱能力。

008

股票的内在价值会在某一时点，通过股价表现出来

【金句原文】

Market prices for stocks fluctuate at great amplitudes around intrinsic value, but, over the long term, intrinsic value is virtually always reflected at some point in market price.

股票的市场价格会围绕着它的内在价值大幅波动，但从长远来看，它的内在价值总会在某一时点，通过股价表现出来。

英文知识点

market prices for stocks 股票的市场价格，简称股价

intrinsic value 内在价值

fluctuate *v.* 波动

great amplitude 大幅波动

【金句解读】

出自 1969 年巴菲特写给投资合伙人的信。

这句话描述了股票市场投资中的一种普遍现象，股票价格总会围绕它的内在价值大幅波动，这种波动在过去、现在或将来都会发生。

了解股票市场存在的这一普遍原理，将有助于我们正确理解股票市场投资中出现的各种现象，并根据这一原理找到应对之策。

009

如果客户理念不同，
就按自己的既定原则行事

【金句原文】

But I have also told him he is completely a free agent if he finds particular clients diverting him from his main job.

但是我也告诉他，如果他觉得有些客户影响了他的主要工作，他可以自由行事。

> **英文知识点**
>
> a free agent 自由的经纪人
>
> client *n.* 客户
>
> divert from 转移注意力

【金句解读】

出自 1969 年巴菲特写给投资合伙人的信。

"他"是指比尔·鲁安，巴菲特的好朋友、同班同学。巴菲特和比尔·鲁安都是哥伦比亚大学教授本杰明·格雷厄姆门下的学生，他们关系很好。1969 年，巴菲特解散了自己的投资合伙企业，给了合作伙伴几个不同的选择，其中一项选择就是让比尔成立一只基金，也就是后来非常著名的红杉基金，接纳部分合伙人的资金。

巴菲特和自己的一些合伙人介绍：从合伙企业拿到现金后，如果愿意的话，可以投资比尔·鲁安的基金。但是，比尔也有自己管理资金的原则，所以他是有选择自由的经纪人，可以自由选择机构或个人。如果一些特别的客户让他不能聚焦于主业，分散心力，比尔可以自由行事，决定是否管理这些客户的资金。

在实际的资金管理过程中，根据工作经验可以得知，总有一些人会不满意。无论你做什么，他们都不太满意，而且总会提出各种问题，打扰资金管理人的正常工作。

巴菲特的这句话是在提醒或者警告大家，不要乱来，要按规矩办事，这也是管理学中的重要内容。现在学习到这句话，对小朋友们的将来会有很大帮助，因为当他们在 10 年或 15 年后读大学时，他们可能会在管理学课程中学习这部分内容。

010

称重机与投票器

【金句原文】

As Ben Graham said: "In the long run, the market is a weighing machine — in the short run, a voting machine."

本杰明·格雷厄姆说过:"就长期而言,股票市场是称重机;就短期而言,股票市场是投票器。"

> **英文知识点**
>
> a weighing machine 称重机
>
> a voting machine 投票器

【金句解读】

出自 1969 年巴菲特写给投资合伙人的信。

就长期而言，股市是称重机。当一个人站在称重机上面时，体重立刻会显示出来，而一家企业在股票市场上的长期表现如何、内在价值如何，就像在称重机上一样，也会体现出来。但就短期而言，股市是投票器。人们在投票时，票数多少完全取决于众多投票人的个人行为，而一家企业的股票在市场上的短期表现，则取决于交易者用钱进行投票得出的结果，与这家企业的好坏没有直接关系。

长期来看，一家企业的真正价值，总会在市场上体现出来。

这条金句是至理名言，小朋友们如果在 8 岁时读到它，未必能理解它背后的意思，但再过 15 年或 20 年，自然会豁然开朗。

011

不要跟一只投资的兔子赛跑

【金句原文】

I know I don't want to be totally occupied with outpacing an investment rabbit all my life. The only way to slow down is to stop.

我自己非常清楚，我不希望我的整个人生都忙于跟一只投资的兔子赛跑。慢下来的唯一方法就是停止这个比赛。

> **英文知识点**
>
> be occupied with 忙于
>
> outpace *v.* 超过

【金句解读】

出自 1969 年巴菲特写给投资合伙人的信。

1969 年，巴菲特关闭了自己的投资合伙企业。那一年，他之所以有了这样的想法是因为：

第一，通过成立合伙企业，他自己在证券市场赚取了足够多的钱；

第二，他发现市场上越来越难找到适合投资的对象；

第三，他自己管理合伙企业也有了一些压力，因为当一贯优秀的人发现自己不能继续优秀，还会遭受一些非议的时候，就会有结束现在生意、另起炉灶的想法。

后来巴菲特把全部身心投入伯克希尔－哈撒韦公司，也与以上这些因素息息相关。

012

好的回报来自企业的出色经营，而不是股价的波动

【金句原文】

If the business results continue excellent over a period of years, we are certain eventually to achieve good financial results from our stock holdings, regardless of wide year-to-year fluctuations in market values.

如果企业的运营结果持续数年都很优异，那么不管股票市场价格每年有多大的波动，我们最终肯定都能从持有的股票中获得丰厚的财务回报。

good financial result 好的财务回报，即赚钱

our stock holding 我们的持股

fluctuation in market value 市场价格的波动

【金句解读】

出自 1976 年巴菲特写给股东的信，巴菲特这一年 46 岁。

这一年，巴菲特发现伯克希尔－哈撒韦公司持有的股票组合中，仍有一部分未实现资本收益。对这些股票组合中的企业，巴菲特提到要关注被投资企业的长期业务进展情况，而非股价的波动。

长期经营向好的优秀企业，具有很强的竞争优势，能不断地创造现金流。最终，企业的价值也会随着股票价格的上涨体现出来，而与每年股价的波动无关。

013

没人能预测市场的短期走向

【金句原文】

We make no attempt to predict how security markets will behave; successfully forecasting short term stock price movements is something we think neither we nor anyone else can do.

我们无意预测证券市场的表现如何；我们认为没有人能够成功地预测短期股票价格走向。

英文知识点

security market 证券市场

stock price 股票价格

【金句解读】

出自 1978 年巴菲特写给股东的信。

巴菲特说我们不预测股票市场的走势，也没有人能够预测股市短期的走势。无论我们是 8 岁还是 48 岁，当我们知道最伟大的投资者巴菲特先生都认为市场具有不可预测性时，我们心里就应该清楚：

第一，不要上当受骗，当别人讲第二天股市是涨还是跌的时候，我们应该清楚，他一定是在胡说八道；

第二，自己不要有过高且不切实际的想法，因为在追求一个不可能的事情时，我们通常会白白浪费更多的时间。

014

跟好人打交道

【金句原文】

It is a real pleasure to work with managers who enjoy coming to work each morning and, once there, instinctively and unerringly think like owners. We are associated with some of the very best.

与这样一群经理人一起工作，是一件多么愉快的事情。他们每天早上欢喜地来到工作岗位，一旦上岗，他们就像企业的所有者一样，本能且准确无误地进行思考。我们在跟一群最好的经理人打交道。

【金句解读】

出自 1978 年巴菲特写给股东的信。

这一句讲的是巴菲特在跟一群自己喜欢的人打交道时，心情是多么好。

巴菲特每天跳着踢踏舞去上班，而伯克希尔－哈撒韦公司控股参股公司旗下的经理人，虽为高级打工人，但他们像企业的主人一样，发挥积极性、主动性和自觉性，管理着企业。每天跟这样一群人打交道，且配合默契，是一件多么令人向往且高兴的事情。如果说我们应该避免以自己不喜欢的方式跟不合适的人打交道，那么巴菲特就是在以喜欢的方式跟合适的人打交道，并且他的很多伙伴都是跟他一起工作了一辈子。

通过向巴菲特学习，我们可以更深刻地了解"好人三段论"的内容：

努力成为一个有价值的好人；

让别人知道你是一个好人；

好人会遇到更好的人。

015

有很多事做，做了很多事

【金句原文】

Because everyone has a great deal to do, a very great deal gets done.

因为每一个人都有很多事情做，所以大家做了很多事。

【金句解读】

出自 1979 年巴菲特写给股东的信。

巴菲特夸赞了伯克希尔－哈撒韦公司总部的工作效率。总部的工作人员人数远远少于旗下所有公司员工的人数总和，2010 年前后，整个伯克希尔－哈撒韦公司体系的员工人数已经接近 30 万左右，而总部却只有 26 个人。1979 年的时候，总部的员工则更少了，只有 12 个人。

总之，每个人都非常热爱自己的工作，他们的工作效率非常高。一个人或一个群体只有非常热爱自己的本职工作，才有可能激发出更高的工作效率。

我们的大朋友和小朋友也一样，当做一件自己喜欢或感兴趣的事情时，通常效率都会比较高。

016

从小帽子里抓出大兔子

【金句原文】

Pull rabbits out of the hat — big rabbits from a small hat.

从帽子里抓兔子——从小帽子里抓出大兔子。（相当于中国的俗语：化腐朽为神奇。）

【金句解读】

出自 1979 年巴菲特写给股东的信。

"pull a rabbit out of a hat" 是美国的一句俚语，指从一个帽子里抓出一只兔子来，这表示做出令人惊讶的、看似不可能的事。这条金句的前半部分，"pull rabbits out of the hat"，表示从帽子里抓出很多只兔子；后半部分做了进一步的解释，"big rabbits from a small hat"，表示从一个小帽子里抓出很多只大兔子。

整句话的意思是，一个人做到了很多看似不可能的事情，中文语境下可以翻译成"化腐朽为神奇"。大家都觉得从小帽子里抓出大兔子是不可能的事，而他做到了，这说明他个人能力出众，具有化腐朽为神奇的力量。

巴菲特说这句话时，伯克希尔-哈撒韦公司的纺织业及零售业占整体事业的比重日益下滑。而联合零售商店的本杰明·罗斯纳面对产业停滞不前的情况，利用有限的资本创造出了可观的盈余，可见当时已 76 岁的本杰明·罗斯纳管理企业的功力十分深厚。巴菲特用这句话夸奖本杰明·罗斯纳具有化腐朽为神奇的能力。

017

预测对于了解未来没有意义

We believe that short term forecasts of stock or bond prices are useless. The forecasts may tell you a great deal about the forecaster; they tell you nothing about the future.

我们相信，对股票和债券价格的短期预测是没用的。预测这件事，对你了解做预测的人可能有很大帮助，但是它对你了解未来没有一点儿用。

【金句解读】

出自 1980 年巴菲特写给股东的信。

学习这句话以后，我们对股票和债券价格的预测，将会形成比较正确的认识。

证券通常有两种主流的形式，股票和债券。巴菲特告诉我们，短期预测是没有用的，任何人都不具备这样的能力，所以不要抱有任何预测的幻想。如果有人跟你说他能预测股市，那么你应该立刻判断出他一定是在瞎说，从而远离骗子。芒格也说过："如果我知道我将死在哪里，那我这辈子都不会去那个地方。"

远离预测，远离做出预测的人。

018

不值得做，就不要去做

If something is not worth doing at all, it's not worth doing well.

如果一件事根本不值得去做，那么就不值得去把它做好。

【金句解读】

出自 1981 年巴菲特写给股东的信。

这一年，巴菲特 51 岁。站在 2024 年回望过去，对 94 岁高龄的巴菲特而言，1981 年的他确实还很年轻。

那时，巴菲特在信中写道：

"对于拥有整个公司还是仅持有部分公司股权，我们并无特殊偏好，无论以哪种方式，我们都会想办法持续投入大额资金，而尽量避免小额资金的投入。因为，如果一件事根本不值得去做，那么就不值得去把它做好。"

言下之意是，小额资金的投入，即使赚钱，对整体投资收益的影响也不大，所以不值得花时间和精力去做。

这条金句非常有哲理，反过来想就是，一件事情如果值得做，那就好好去做。

019

预测是危险的

【金句原文】

Forecasts are dangerous, particularly those about the future.

预测是危险的，尤其是对未来的预测。

【金句解读】

出自 1981 年巴菲特写给股东的信。

巴菲特在写给股东的信中多次谈到对未来的预测，在 1981 年的信中，他引用了塞缪尔·戈德温这句著名的话，"预测是危险的，尤其是对未来的预测"，并用幽默的语言告诉伯克希尔－哈撒韦公司的股东们，假如他们重新阅读以往年度报告中董事长对纺织行业前景的"先见之明"，他们也可能得出与这句话类似的结论。

这也是巴菲特对自己曾预测纺织行业未来光明前景的自嘲。

020

未来不会跟过去一样

【金句原文】

The future isn't what it used to be.

未来不会跟过去一样。

【金句解读】

出自 1981 年巴菲特写给股东的信。

未来不会跟过去一样，也可译成未来与过去绝对不同。未来不会是过去的简单重复，因为未来具有不确定性和不可预知性。

在 1981 年写给股东的信中，巴菲特提到了美国漫画家沃尔特·凯利创作的连环漫画《Pogo》中的"Pogo"这一角色，并且引用了这句话，"未来不会跟过去一样"。然后，在信中，巴菲特花费了相当的篇幅，讲述保险行业在保单销售中存在的问题。他谈到保险盈亏的结果在定价时就已经注定了，一旦保单定价不当，如果未来发生重大灾害，以及保险成本不断上升，那么悲惨的结果会在之后逐步显现出来。巴菲特说，承保利润在未来十年的最好表现可能会低于过去十年的平均水平，也就是未来与过去会不同。

021

从来不进行恶意的并购

【金句原文】

We will not engage in unfriendly transactions.

我们从来不进行恶意的并购。

英文知识点

engage in 参加，从事

transaction *n.* 交易，买卖，这里指兼并和收购

【金句解读】

出自 1982 年巴菲特写给股东的信。

这句话与兼并和收购有关。巴菲特的伯克希尔－哈撒韦公司每年都会进行一些并购活动。

直到今天，巴菲特在社会上的口碑仍然非常好，这跟他的人生哲学有很大的关系，因为他从来不进行所谓的恶意并购。

资本市场上的并购有恶意的，也有善意的，但很多都是恶意的，比如前几年发生的格力、万科等公司被"野蛮人"攻击的事件。而巴菲特基本上都是遵从善意并购的原则。谈得拢，谈得好，价格合适，双方都愿意，就进行并购；反之就算了。这也是这条金句提出的背景。

022

收购企业的六个原则

We prefer:

(1) large purchases (at least $5 million of after tax earnings).

(2) demonstrated consistent earning power (future projections are of little interest to us, nor are turn-around situations).

(3) businesses earning good returns on equity while employing little or no debt.

(4) management in place (we can't supply it).

(5) simple businesses (if there's lots of technology, we won't understand it).

(6) an offering price (we don't want to waste our time or that of the seller by talking, even preliminarily, about a transaction when price is unknown).

我们倾向于收购符合以下条件的企业：

（1）规模足够大（企业税后利润不少于 500 万美元）；

（2）拥有已被证明的可持续的赚钱能力（对于只是未来很光明的企业和困境反转型企业，我们都没有兴趣）；

（3）净资产回报率高，负债很少或没有负债；

（4）有管理团队（我们无法提供管理团队）；

（5）简单易懂的商业模式（如果有太多的科技要素，我们可能搞不明白）；

（6）报出售价（没有披露并购价格之前，我们不希望浪费彼此的时间讨论并购的事情，哪怕只是初步的讨论）。

英文知识点

earning *n.* 利润

after tax earning 税后利润

turn-around situation 困境反转

equity *n.*（公司的）股本或资产净值

return on equity 净资产回报率

【 金句解读 】

出自 1982 年巴菲特写给股东的信。

巴菲特列出了收购企业的六个原则。这些原则不仅适用于企业收购，同样也适用于在证券市场上购买上市公司的部分股权。

收购企业的第一条原则中，"earning"是利润，"after tax earning"就是税后利润，二者实际之差就是税收，即企业所得税。

收购企业的第二条原则要求企业具备已证明的可持续赚钱的能力。对于一些现在不赚钱但未来可能很好的企业，或者困境反转型的企业，巴菲特都不感兴趣。

剩下几条原则还包括净资产回报率高，有优秀的管理层，生意模式简单易懂，以及价格合理等。

结合巴菲特收购企业的原则，我们对照一下自己账户中的投资对象，看看这些投资对象是否满足金句中提到的六个条件。这条金句对我们的投资来说很有指导意义。

023

保持简单，不忘初心

【金句原文】

Keeping things simple and remembering what you set out to do.

保持简单，不忘初心。

英文知识点

set out to 着手，开始，打算

【金句解读】

出自 1982 年巴菲特写给股东的信。

保持事情（业务）简单化，并记住你最初要达成的目标，这句话翻译成"保持简单，不忘初心"会更简洁明了。

有的人或公司喜欢把简单的事情复杂化，或把复杂的事情更复杂化。而如何把复杂的事情简单化，才是我们最应该追求的方向。我们要沿着这个方向，坚定不移地执行计划，并且还要时刻提醒自己要记住最初的目标和愿望。

盖可保险就是这样一家公司，它以追求高效率、低成本和为客户创造价值为宗旨，取得了非凡的成绩。时刻保持简单化的做事风格和初心，可以指引我们的工作和生活。

024

市场不会原谅那些不知道
自己在干什么的人

【金句原文】

The market, like the Lord, helps those who help themselves. But, unlike the Lord, the market does not forgive those who know not what they do.

市场就像上帝一样，会帮助那些自助的人；但是跟上帝不一样的是，市场是不会原谅那些不知道自己在做什么的人。

【金句解读】

出自 1982 年巴菲特写给股东的信。

前半句讲市场就像上帝一样，会帮助那些愿意自助的人，简单来说，就是天助自助之人。

后半句讲市场跟上帝不一样的地方是，它不会原谅那些不知道自己在做什么的人，即市场不宽容无知。市场不会为个人的无知或者错误买单。

无论是英文还是翻译成中文，这条金句都非常有哲理。

025

大多数投资分析都是从后视镜中总结经验

【金句原文】

Most business and investment analysis also comes from the rear-view mirror.

———

大多数企业和投资分析也都是从后视镜中得出经验。

> 英文知识点
>
> rear-view mirror 后视镜

【金句解读】

出自 1982 年巴菲特写给股东的信。

我们开车一般会观察后视镜，以此来了解周边路状或者查验走过的路况，但想通过观察后视镜得到路途前进方向的路况信息则是徒劳的，肯定也是不可能的。

在股票市场上，巴菲特认为，总结过去当然重要，但只靠观察后视镜，总结过去的经验，去预测未来市场的走势，尤其是短期市场的走势，成功的希望很渺茫。

026

价格是你付出的，
价值是你得到的

【金句原文】

Price and value can differ; price is what you give, value is what you get.

价格和价值是不同的：价格是你付出的，价值是你得到的。

【金句解读】

出自 1983 年巴菲特写给股东的信。

这句话讲述了价格与价值的关系，在股票市场上，价格围绕着价值上下剧烈波动。同时，价格是你付出的资金，你付出资金购买了企业的全部或部分股权，从而获得了企业的价值。只不过，一般情况下，一家企业的内在价值是很难直接计算出来的。

027

摆脱旧观念是最困难的

The difficulty lies not in the new ideas but in escaping from the old ones.

真正的困难并不是接受新想法，而是摆脱旧观念。

英文知识点

the difficulty 困难

escape from 摆脱

【金句解读】

出自 1983 年巴菲特写给股东的信。

是投入精力去克服学习新观念的困难，还是努力去摆脱旧观念的窠臼，这是两种矛盾的心理。其实，相比较而言，真正的困难并不在于接受新观念，而在于从旧观念中摆脱出来。

事实上，摆脱旧观念比接受新观念更难，因为人们普遍都存在路径依赖的心理。或是由于过去旧的观念影响深远，又或是由于过去成功的经验让人受益匪浅，人们往往难以摆脱旧观念。

巴菲特的观念从在格雷厄姆课堂上学到的重视实物资产价格与质量到关注高经济商誉公司的转变，投资思想从格雷厄姆的捡烟头式投资方法到费雪成长股投资思想的进化，等等，都是摆脱旧观念、实现进化的重大转变。

028

我是否能竞争过这家企业

One question I always ask myself in appraising a business is how I would like, assuming I had ample capital and skilled personnel, to compete with it.

当我评估一家企业的时候，我总会问自己一个问题：假设有充足的资本和技术过硬的团队，我能否竞争过这家企业。

appraise a business 评估一家企业

ample capital 充足的资本

skilled personnel 具有专业技能和经验的团队

【金句解读】

出自 1983 年巴菲特写给股东的信。

在评估一家企业值不值得投资时，比如可口可乐，我们可以在心中假设一下，如果自己有足够的钱、有技术过硬的团队，自己能不能创办一家类似的公司，跟可口可乐去竞争，并且能比可口可乐做得还好。

心中一旦有了这个假设，我们对眼前这家企业的评估就有了底。如果结论是不能与之竞争，那么恭喜你，你可能发现了一个很好的投资标的。

在这条金句中，巴菲特为我们提供了一个评估一家企业优劣的新思路。

029

宁愿放弃，
也不过高使用杠杆

【金句原文】

We will reject interesting opportunities rather than over leverage our balance sheet.

我们宁愿放弃那些看起来有吸引力的机会，也不会过度举债经营。

英文知识点

over leverage 过度使用杠杆，过度举债经营

balance sheet 资产负债表

【金句解读】

出自 1983 年巴菲特写给股东的信。

现在的企业在经营中大多会使用杠杆，过度举债来投资那些看上去很有吸引力的机会，有时候这会让企业处于危险的境地。所以杠杆的使用要适度，宁愿放弃一些机会，也不要让自己处于不安心、睡不着的焦虑状态。

在证券市场上，投资也该遵循同样的原则，不借钱投资，不使用过高的杠杆投资。在买房时，使用过高的按揭贷款购房也存在同样的风险，一旦遇到经济不景气、企业裁员、失业，就可能面临月供停供的危险。

我们应该时刻警惕，不过度举债，避免财务上的风险，始终让自己处于一种安稳的状态。

030

吃自家做的饭（相信自家的品质，树立信誉）

【金句原文】

We eat our own cooking.

我们吃自家做的饭。

【金句解读】

出自 1983 年巴菲特写给股东的信。

这句话反过来看，意思就是很多企业不愿意吃自家做的"饭"。在金融行业，出于各种原因，卖保险的可能不买自家的保险，卖理财产品的也可能不买自家的理财产品，比如华尔街的一些机构设计的很多金融产品，他们自己根本不会买，因为他们设计这款产品只是为了卖给别人。深入思考后我们会发现，其中原因让人不寒而栗。但是，巴菲特并没有直接抨击这种行为，只是用"我们吃自家做的饭"来反向陈述这种社会现象。

巴菲特语言的高妙之处就在于，他不去对别人评头论足，因为这可能会被看作是不太友好的行为，也可能引起别人的反感。但是，他客观地陈述自己就没什么问题。我们从本书中，不仅可以学习英文金句，还可以学习语言的高妙之处，学习巴菲特的人生哲理、人情世故。

客观陈述自己，避免对别人评头论足，也是一种语言的艺术。

031

误导他人，
最终也会误导自己

【金句原文】

The CEO who misleads others in public may eventually mislead himself in private.

在公众场合误导他人的 CEO，私下里最终也会误导自己。

英文知识点

mislead *v.* 误导

in public 在公众场合，当着大众的面

in private 在私下，没有当着大众的面

【金句解读】

出自 1983 年巴菲特写给股东的信。

这句话对应到中文语境中，就是说做人要表里如一，不能人前一套、人后一套。一个人如果在公众面前误导他人，那么在私下里，他也可能习惯性地误导自己，最终也会坑害自己。

032

给好企业、
对的人提供好的归宿

【金句原文】

For the right business and the right people, we can provide a good home.

———

我们可以为好企业、对的人，提供好的归宿。

【金句解读】

出自 1984 年巴菲特写给股东的信。这一年巴菲特 54 岁。

20 世纪 80 年代，伯克希尔－哈撒韦公司拥有充足的现金，这些资金的使用主要有两个方向：一个方向是，通过股票投资在证券市场购买企业的部分股权；另一个方向是，收购非上市公司。巴菲特常年在报纸上刊登小广告，表示愿意购买符合条件的好公司，并且保证能做到以下条件：

第一，提供好的价钱，不会让对方吃亏；

第二，给该公司及其管理层、员工提供好的归宿。

假设一个人从二三十岁开始创业，通常而言，等他六七十岁的时候，他对自己的企业一定是有深厚感情的。此时，如果他的下一代不愿意继续经营家族企业，那么企业就有被关闭的可能。对企业的创办者来说，这是他最不愿意看到的结局。而且企业一旦关闭，员工也将面临失业的境遇，这会给员工的生活带来压力，也会给社会带来不和谐的声音。

因此，在这种情况下，给企业找一个好的归宿就是比较好的出路。而巴菲特常年刊登的广告刚好提到，他们能为好企业提供好的归宿。企业家们看到巴菲特经营的伯克希尔－哈撒韦公司可以成为最终的归宿，同时也想让自己的企业在自己百年之后还能好好地发展，于是便会对伯克希尔－哈撒韦公司心生向往。如此一来，合适的好企业就能顺理成章地加入伯克希尔－哈撒韦大家庭中。

033

什么都不做，是最难的事

【金句原文】

We find doing nothing the most difficult task of all.

我们发现，什么都不做是天底下最难的事情。

【金句解读】

出自 1984 年巴菲特写给股东的信。

"什么都不做"，和中国的一个成语意思很相近，叫"无为而治"。

什么都不做，恰恰好过一通乱操作、把事情复杂化。

在股票市场投资尤其如此。以合理的价格买到好企业，然后持股不动，与企业共同成长，赚企业发展的钱，好过频繁交易，赚市场波动的钱。或者，按照巴菲特的投资原则，找不到好公司，等不到好价格，就不会降低标准去投资。

有时候，什么都不做，静静地等候目标的出现，是最难的事情。

034

留存利润应该创造
等量的价值

【金句原文】

For every dollar retained by the corporation, at least one dollar of market value will be created for owners.

公司留存的每一美元的净利润，都应该为股东创造至少一美元的市场价值。

英文知识点

corporation *n.* 公司

retain *v.* 保留

market value 市场价值

【金句解读】

出自 1984 年巴菲特写给股东的信。

这句话所代表的投资管理理念是关于如何处理利润与分红关系的。

公司创造的利润，没有去分红，或分红少于净利润，相当于把剩下的利润留存在了账面资产上。公司留存的每一美元的净利润，都应该为股东创造至少一美元的市场价值，否则就不应该留存利润，而应该给股东分红。如果留存 1 美元利润进入资产，经营一年后只剩下了 0.5 美元，那还不如直接分给股东或者回购公司的股票；相反，如果留存 1 美元之后，为股东创造了 2 美元或 3 美元的价值，甚至更高，那么在这种情况下，赚取的利润就值得留存，可以不用分红。

035

收获大于路费，就要积极地去参与

【金句原文】

If you make some purchases, you'll save far more than enough to pay for your trip, and you'll enjoy the experience.

如果你去买一些东西，省下来的钱足够支付你往返的路费，那么你会很享受这种体验。

英文知识点

pay for your trip 支付路费

【金句解读】

出自 1984 年巴菲特写给股东的信。

巴菲特写这句话是为了鼓励大家积极参加伯克希尔－哈撒韦公司年会。

1984 年的时候，巴菲特还需要鼓励股东去参加股东大会。后来我们都知道，上万投资人和股东都会自发地去奥马哈参会，每年的股东大会都会成为投资界的一次盛会。

年会上，伯克希尔－哈撒韦公司会为自家的产品搭起展台，鼓励股东们参观购买。在每年的年会上，股东们都可以买到享有折扣的商品，包括汽车保险、珠宝等，股东们购买打折商品所省下来的钱足以支付这趟旅程的路费，而且，他们还能享受这次不寻常的经历。

在我们身边，金石文化每年都会举办一次"金石年会"，犹如巴菲特股东大会一样，活动丰富多彩，包括主题论坛、围炉夜话、游园活动、健身运动、以优惠的价格订阅节目等，还会赠送各种丰富的礼品，让参会者及孩子们都不虚此行。这是巴菲特思想在中国落地生花的真实案例，人们在年会上，不仅有收获，而且还有货收。

036

优秀的管理层，应该是那种你愿意自己女儿与他结婚的人

【金句原文】

Tom Murphy and Dan Burke are not only great managers, they are precisely the sort of fellows that you would want your daughter to marry. It is a privilege to be associated with them — and also a lot of fun, as any of you who know them will understand.

汤姆·墨菲和丹·伯克不仅仅是优秀的经理人，他们也是那种你愿意自己女儿与他结婚的人。跟他们共事

真是一种荣幸——并且也很愉悦。你们当中认识他们的人，都能理解这种感觉。

英文知识点

precisely *adv.* 正是

fellow *n.* 家伙，小伙子

privilege *n.* 荣耀，荣幸

【金句解读】

出自 1985 年巴菲特写给股东的信。

汤姆·墨菲和丹·伯克这两位先生是大都会公司的掌舵人。丹·伯克是前任 CEO 汤姆·墨菲的继任者。

巴菲特在收购公司或者投资公司的时候，非常看中公司的管理团队。如果管理者品德高尚、有能力，值得欣赏和信赖，那么与他们共事，自己会感到非常荣幸，身心愉悦。在自己喜欢的人群中漫步，可能就是这种感觉吧。

037

买入价格打折的好企业

【金句原文】

The key to successful investing was the purchase of shares in good businesses when market prices were at a large discount from underlying business values.

投资成功的关键是，在一些好企业的市场价格相对于它们的内在企业价值有了巨大折扣的时候，买进这些企业的股权。

英文知识点

successful investing 成功的投资

the purchase of share 买股票

good business 好企业

discount *n.* 折扣

underlying business value 内在企业价值

【金句解读】

出自 1985 年巴菲特写给股东的信。

投资成功的关键是好企业、好价格、果断买入。1985年巴菲特在写给股东的信中举了投资华盛顿邮报公司的例子。

1973 年，华盛顿邮报公司的价值被估计为 4 亿到 5 亿美元，当时市场下跌，其股票市值仅为 1 亿美元，还不到其内在价值的四分之一，在巨大折扣的吸引之下，巴菲特果断买进了华盛顿邮报公司的股权。

一个平庸的企业，即使买得便宜，也可能增长有限，买入后自己可能要承担企业发展不利带来的风险。而如果以合理的价格买进杰出的企业，该企业有潜力和前景，更可能给自己带来丰厚的回报，那么巴菲特甚至愿意永久持有，比如喜诗糖果、盖可保险，以及后来的可口可乐等企业。1985年巴菲特55岁，他已经渐渐摆脱了当年格雷厄姆投资的窠臼，更多受到费雪和芒格投资思想的影响。

多年以后，巴菲特在写给股东的信中反复提及这一购买企业的原则和标准，以下分别是巴菲特1987年、1989年和1992年在写给股东的信中的不同表述。

（1）1987年：

Our goal is to find an outstanding business at a sensible price, not a mediocre business at a bargain price.

（我们的目标是找到具有合理价格的杰出企业，而不是以便宜的价格买进平庸的企业。）

（2）1989年：

It's far better to buy a wonderful company at a fair price than a fair company at a wonderful price.

（以合理的价格购买一家优秀的公司，远远好过以便宜的价格买入一家平常的公司。）

（3）1992 年：

Buy good businesses at fair prices rather than fair businesses at good prices.

（以合理的价格买进好公司，好过以便宜的价格买进普通的公司。）

038

上了一艘漏水的船，修船不如换艘船

【金句原文】

Should you find yourself in a chronically — leaking boat, energy devoted to changing vessels is likely to be more productive than energy devoted to patching leaks.

如果你发现自己处在一艘不断漏水的船上，与其花精力去修补漏洞，不如花精力去换一艘更好的船，这样可能会更有成效。

英文知识点

chronically *adv.* 慢性地，长期的

energy *n.* 精力，能量

devote to 致力于

vessel *n.* 船

productive *adj.* 有效益的，富有成效的

【金句解读】

出自 1985 年巴菲特写给股东的信。

巴菲特表面上是讲补漏船还是换新船的事情，但实际上，他讲的是做投资或做实业的企业家面对困境的处理方法。笔者曾经和一个企业家朋友分享这句话，他说，如果企业出了问题，可能是时光流转、风光不再，因为行业的兴衰都有规律，有时和个人努力关系不大。行业整体向好时，怎么干都赚钱；整体不好时，怎么努力都不赚钱。

1985 年，巴菲特终于决定停止伯克希尔－哈撒韦纺织业务的运营。巴菲特回顾了伯克希尔－哈撒韦纺织业务的过往，反思了收购纺织业务的整个过程和失败之处。尽管纺织业务由优秀的职业经理人肯·蔡司掌管，但纺织行业已日薄西山，多年苦苦经营也无力回天。巴菲特坦然面对这一失败，承认错误，最终停止了纺织业务的运营，把伯克希尔－哈撒韦的经营重心放在了保险和其他业务上。

039

能数到 10 的马，
算不上了不起的数学家

【金句原文】

A horse that can count to ten is a remarkable horse — not a remarkable mathematician.

能数到 10 的马会是一匹很了不起的马，但它不是了不起的数学家。

英文知识点

remarkable *adj.* 引人注目的，非凡的

mathematician *n.* 数学家

【金句解读】

出自 1985 年巴菲特写给股东的信。

在一个很糟糕的行业里面，一个企业即使干得非常不错，它在更大的企业范围里，也谈不上是杰出的。就像一匹会数数的马，即使能数到 10，也无法跟杰出的数学家相提并论。在这封信中，这条金句后面紧跟着的一句话，进一步说明了伯克希尔 – 哈撒韦的纺织业务——一家在本行业内资金配置出色的纺织公司——即使是一家了不起的纺织公司，也不是什么了不起的企业。

040

关注买入的价格

【金句原文】

In selecting common stocks, we devote our attention to attractive purchases, not to the possibility of attractive sales.

我们做出股票决策的时候，应该专注于有吸引力的购买机会，而不是有吸引力的高价卖出机会。

英文知识点

common stock 普通股

attractive *adj.* 有吸引力的

【金句解读】

出自 1985 年巴菲特写给股东的信。

在股票市场，低买高卖是不争的事实，有人期盼买在低点，有人期盼卖在高点，或者两者兼得。

卖在高点恐怕是最难的，这取决于市场是否有卖出的机会，可遇而不可求，而买在低点是投资者可以掌控的。

价值投资者追求在低于内在价值、留有一定安全边际的情况下，打折购买股票，然后在合理的价格或者高估的时候卖出。这讲究的是买入的重要性，也就是把注意力放在有吸引力的买价上。

041

最想知道自己会死在哪里，然后永远都不去那个地方

【金句原文】

All I want to know is where I'm going to die, so I'll never go there.

我只想知道我会死在哪里，这样我就永远不去那里。

【金句解读】

出自 1985 年巴菲特写给股东的信。

这句话来自智慧的芒格先生，他引用了德国一位名人的话，意思是我们要了解哪些是自己不能控制的事情，而且一定要避开它。

这条耳熟能详、富有智慧的句子，被查理·芒格引用并发扬光大，它体现了一种朴素的逆向思维哲学。芒格喜欢研究学习商业失败和人生失败的案例，从而规避那些导致失败或不幸的因素，远离那些不能控制的事情。他不会因为这些已知的因素让自己陷于不利之地。从别人的错误中学习，远比亲自下场实验失败所得到的更多，因为前者付出的成本代价会更小。

042

我为芒格提供了充足的错误案例

【金句原文】

You'll immediately see why we make a good team: Charlie likes to study errors and I have generated ample material for him, particularly in our textile and insurance businesses.

你会立刻明白为什么我们是一对好搭档：芒格喜欢研究各种错误，而我为他提供了充足的素材，特别是在我们的纺织业和保险业方面。

ample *adj.* 充足的

textile *n.* 纺织

insurance *n.* 保险

【金句解读】

出自 1985 年巴菲特写给股东的信。

巴菲特说，芒格喜欢研究错误，而巴菲特自己在纺织和保险这两个行业犯了很多的错误，为芒格提供了充足的研究素材，他们两人组成了一对亲密无间的好搭档。

巴菲特以开玩笑的方式叙述了他们两人之间互补的友谊，他也是在自谦。这表明巴菲特是一个非常友善、非常幽默的人。能够跟巴菲特合作，一定会非常有意思。

如何成为一个受欢迎的人？巴菲特没有直接告诉我们答案，但是他在点点滴滴的言行之间已经揭示了答案：真正的学习就是润物细无声。

043

说好话时，手里还需要有枪

You can get much further with a kind word and a gun than you can with a kind word alone.

拿着枪且好好讲话会比只好好讲话得到的更多。（用中文俗语来说相当于：菩萨心肠，霹雳手段。）

【金句解读】

出自 1985 年巴菲特写给股东的信。

如果你手里拿着枪，又好好地说话，这会比只好好说话但手里没有枪要有效得多。

有菩萨心肠，且有霹雳手段，别人才能对你肃然起敬；只有菩萨心肠，又有谁会真正地在乎你呢?

这句话告诉我们一个道理：做一个好人，也要有霹雳手段。

044

最大的贡献是没有妨碍
他们工作

【金句原文】

Our main contribution has been to not get in their way.

我们最大的贡献就是没有妨碍他们（各子公司的经理人）工作。

英文知识点

contribution *n.* 贡献

get in the way 妨碍，挡道，碍事

【金句解读】

出自 1986 年巴菲特写给股东的信。

这一年巴菲特已经 56 岁了，但与现在比依然年轻。

巴菲特说他们最大的贡献就是没有妨碍伯克希尔－哈撒韦公司旗下各个子公司管理人员的工作。让公司的管理人员放手去做，信任他们，是对公司最大的贡献。

这是非常有道理的一句话，对我们的工作生活也很有帮助，因为有时候，很多人经常会勤快地把事儿搞砸。他们总是想着多做点事，但结果总是事与愿违，帮了倒忙。

所以，不给别人帮倒忙，不妨碍别人工作，不给别人添乱，也是一种贡献。

045

招募比自己强的人

【金句原文】

If each of us hires people who are smaller than we are, we shall become a company of dwarfs. But, if each of us hires people who are bigger than we are, we shall become a company of giants.

如果我们中的每一个人都招聘不如我们的员工，那么我们的公司将变成由"侏儒"组成的公司。但是，如果我们中的每一个人都招聘能力比我们强的员工，我们的公司将会变成"巨人"的公司。

dwarf *n.* 侏儒，矮人

giant *n.* 巨人

【金句解读】

出自 1986 年巴菲特写给股东的信。

这条金句是在讲解如何管理一家公司，如何经营一家好公司。

有些公司之所以伟大、了不起，是因为雇用了一批正直能干的经理人，只有雇用那些比自己更厉害、更有才能的人，自己的公司才有可能变得更强大。对巴菲特而言，这应该包含他的自谦之词。"bigger"不仅仅是字面意思的"更大"，也是指更有能力。拥有了很多"巨人"，即很多有才能的人之后，公司自然而然就会变成一家"巨人"公司，就像伯克希尔 – 哈撒韦公司一样。

046

与自己喜欢和欣赏的人
一起工作

【金句原文】

We intend to continue our practice of working only with people whom we like and admire. This policy not only maximizes our chances for good results, it also ensures us an extraordinarily good time.

我们打算继续保持我们公司的选人策略，只与我们喜欢和欣赏的人一起工作。这个策略不仅可以让我们最大可能地获得不错的生意，而且能保证我们一起度过特别美妙的时光。

practice of working 工作实践

admire *v.* 佩服，钦佩，欣赏

extraordinarily *adv.* 特别，非常

【金句解读】

出自 1986 年巴菲特写给股东的信。

我们不但要学习和朗读这些优美的英文句子，更要领会句子背后的意思。

通过这句话，巴菲特是想告诉我们该如何塑造自己人生的好环境——和自己喜欢且欣赏的人一起工作。所有的美好都不是与生俱来的，希望事事顺心、想要什么就有什么，是不现实的。美好要靠自己努力争取和创造。

那么，该如何去努力呢？答案就在巴菲特的这句话中。当我们念一遍还不懂的时候，就念十遍，当我们念十遍还不懂的时候，就念一百遍，这样我们在某一天可能就突然领悟，完全理解了。

047

不要跟自己不喜欢的人一起工作，就像不要为了钱而结婚一样

【金句原文】

On the other hand, working with people who cause your stomach to churn seems much like marrying for money — probably a bad idea under any circumstances, but absolute madness if you are already rich.

相反，与令你反胃的人一起工作，更像是为了钱而结婚。无论如何，这都不像一个好主意。如果你已经很富有了还这么做，那就是绝对的疯狂。

英文知识点

churn *v.* 反胃

marry for money 为钱结婚

under any circumstances 无论如何，不管发生什么情况

madness *n.* 疯狂，愚蠢的行为

【金句解读】

出自 1986 年巴菲特写给股东的信。

这句话与前一条金句讲到的要与你喜欢和欣赏的人一起工作相对应。和一群倒胃口的人一起工作，绝对不是什么好主意，就像为了钱而结婚一样。特别是，如果你已经很富裕了还这么做，那就是绝对的疯狂。

前后两个句子放在一起阅读，两相对比，要跟什么样的人在一起工作，选择或塑造怎样的工作环境，如何过好自己的一生，应该是一目了然了。

048

一直努力专注于目标

【金句原文】

Charlie and I can't promise results, but we do promise you that we will keep our efforts focused on our goals.

查理和我（巴菲特）无法对投资结果做出保证，但是我们坚决承诺，我们会一直努力专注于我们的目标。

英文知识点

do promise 坚决承诺

focus on 专注于

【金句解读】

出自 1986 年巴菲特写给股东的信。

"do promise" 指坚决承诺，"do" 起到加强语气的作用，与前文出现的 "do believe" 是同样的句式。

在投资这一行业，即使是芒格与巴菲特这样伟大的投资家，也不能承诺任何结果，但是他们的目标是实现年化 15% 的净资产回报率。他们能保证的是肯定会为目标一直努力，坚持不懈。

作为普通人的我们，想成为下一个巴菲特或芒格，几乎没有可能，但我们可以树立目标，专注于目标，一步步地执行，坚持不懈，努力去达成目标。这是我们能够从伟大的投资家身上学到的，也是我们普通人可以去努力执行和实现的。

049

选择一家企业的标准

【金句原文】

Fechheimer is exactly the sort of business we like to buy. Its economic record is superb; its managers are talented, high-grade, and love what they do.

费希海默兄弟公司正是我们喜欢购买的企业类型。它过去的经营业绩超级棒，同时它的企业管理者很有才华、品格高尚，而且热爱他们的工作。

英文知识点

superb *adj*. 极佳的，超凡的

talented *adj*. 有天资的，有才能的

【金句解读】

出自 1986 年巴菲特写给股东的信。

伯克希尔－哈撒韦公司在 1986 年收购了费希海默兄弟公司 84% 的股份，而费希海默兄弟公司正好完全符合巴菲特收购企业的标准。

这句话提到了巴菲特收购这家企业的两个重要原因：

（1）公司拥有长期较好的经营业绩；

（2）公司拥有优秀的管理人。

企业管理人员品格高尚，有才能，还喜欢他们的本职工作。

喜欢自己的本职工作，这个品质非常重要，因为只有喜欢一件事情，内心才会有渴望，才有可能把本职工作做好。相反，不喜欢自己本职工作的人，是不太可能把工作做好的。

世间万事万物都是相通的，相辅相成的。如果在做事时浑水摸鱼、偷工减料、偷奸耍滑、自以为是，妄想别人看不到，这是非常不成熟的。老板或高级管理人，大部分都是特别聪明、明察秋毫、能够洞察身边事物的。他们并不是看不到不认真工作的人，可能只是不点破而已。这也印证了我们常说的一句话：每个人都以自己的言行为自己打分。

050

别人恐惧我贪婪，
别人贪婪我恐惧

【金句原文】

We simply attempt to be fearful when others are greedy and to be greedy only when others are fearful.

别人贪婪的时候，我们恐惧；别人恐惧的时候，我们贪婪。

英文知识点

fearful *adj.* 恐惧的

greedy *adj.* 贪婪的

【金句解读】

出自 1986 年巴菲特写给股东的信。

这是一条人们耳熟能详的巴菲特的金句。它描述了证券市场上两种典型的情绪，也描述了在牛市和熊市中，不理性投资者和理性投资者的不同表现。

理性投资者在别人贪婪的时候，会感到恐惧。当别人很兴奋，给出了很高的市场价格时，理性投资者就会谨慎一点。反过来在别人恐惧、谨慎的时候，理性投资者就会贪婪一些。尽管估值已经很低了，但别人还是不愿买，害怕股价继续下跌，而理性投资者就敢于在低位买入，人弃我取，做到逆向投资。

这个道理很多人都知道，但做不到，主要原因是理论与实践有着巨大的鸿沟。

绝知此事要躬行，更重要的是要亲自去实践。我们现在学习这些句子，受到潜移默化的影响，是为了将来在合适的时机，亲自去实践它。

051

好公司的生意模式十年不变，而且一直赚钱

【金句原文】

Experience, however, indicates that the best business returns are usually achieved by companies that are doing something quite similar today to what they were doing five or ten years ago.

经验表明，创造最好商业回报的公司，一般来讲，它们今天的生意模式跟五年或十年前非常相似。

indicate *v.* 表明

business return 商业回报

【金句解读】

出自 1987 年巴菲特写给股东的信，这一年巴菲特 57 岁。

一家企业专注于自己的主业，不随便进行多元化扩张，五年或者十年前的生意模式跟当前的生意模式相比，几乎没有太大的变化。这样的企业，比较容易进行评估，确定性比较强。

这揭示了巴菲特投资可口可乐的秘诀，可口可乐公司十年前就在生产可乐，估计十年以后，还在生产可乐。同样的情况复制到中国的 A 股，以茅台公司为例，茅台公司二十年前在生产茅台酒，二十年后估计还在主营茅台酒，这就叫做确定性。

052

人们从历史中能学到的，就是从来不从历史中吸取教训

【金句原文】

What we learn from history is that we do not learn from history.

我们从历史中学到的，就是我们从来不从历史中吸取教训。

【金句解读】

出自 1987 年巴菲特写给股东的信。

这是巴菲特引用的一个著名哲学家说的话，非常有哲理。

我们从来都不从历史中吸取教训，这就是我们从历史中学到的。普通大众追涨杀跌，是人性使然。久远一点的郁金香狂热、南海泡沫危机、密西西比泡沫事件，近一点的 2000 年科技股泡沫、2008 年金融危机，都能够印证这句简单却富有哲理的话。

053

被忽视的地方，
往往会让你竹篮打水一场空

【金句原文】

Out of sight, out of mind — and, later on, maybe out of pocket.

眼睛看不到的地方，心里想不到的地方，以后可能会导致你两手空空。

英文知识点

sight *n.* 视野，视觉

out of sight 眼睛看不到的地方

out of mind 心里想不到的地方

pocket *n.* 口袋

out of pocket 空口袋

【金句解读】

出自 1987 年巴菲特写给股东的信。

这句话是巴菲特在讨论整个保险行业的竞争时提出来的。

巴菲特的伯克希尔 – 哈撒韦公司主业之一是保险。保险公司通常销售的是一种承诺，人们今天交的保费，很久以后才能拿到回报。出了事以后，保险公司才需要理赔，给付赔偿金。从缴纳保险费用到赔付，一般需要经过比较长的一段时间，可能是一年到数年不等。

时间跨度这么长，然而很多人不考虑所投保的保险公司的财务质量，总是认为保险公司都是一样的，保险产品也都类似，谁家便宜就买谁家的产品。很多人投保的时候不调查研究基本的企业信息，当出事要理赔的时候，才发现保险公司财务质量有问题，甚至可能在出事理赔之前，保险公司就已经倒闭了。这会导致比较不幸的结局——竹篮打水一场空。

054

买入时的关注点

【金句原文】

Whenever Charlie and I buy common stocks for Berkshire's insurance companies, we approach the transaction as if we were buying into a private business. We look at the economic prospects of the business, the people in charge of running it, and the price we must pay. We do not have in mind any time or price for sale.

每当我和查理通过伯克希尔－哈撒韦公司购买股票的时候，我们用的方法跟我们买一家非上市企业的方法是一样的。我们会看企业的商业前景、企业的管理人员和我们必须支付的价格。我们并不考虑未来要在什么时候，或以什么样的价格把它卖出去。

【金句解读】

出自 1987 年巴菲特写给股东的信。

这句话描述了巴菲特购买上市公司股票的标准。买股票就是买企业，巴菲特在写给股东的信中反复强调过他们购买企业的基本原则，买上市公司股票的方法跟收购非上市企业是一样的：要看公司的商业前景，要看公司的管理团队，而且还必须以合理的价格买入。

055

只要内在价值令人满意，就永远持有股票

【金句原文】

Indeed, we are willing to hold a stock indefinitely so long as we expect the business to increase in intrinsic value at a satisfactory rate.

事实上，只要我们预期一个公司的内在价值会以令人满意的速度增长，我们就愿意永久持有这支股票。

【金句解读】

出自 1987 年巴菲特写给股东的信。

这句话是关于股票持有原则的。

以合理的价格购买优秀企业的股票后，如果该企业利润能够逐年增长，致使其内在价值也以令人满意的速度增长，那么该企业股票的价格最终会随企业内在价值的增长而上涨，这样的企业的股票就值得长期持有，或者永久持有。

056

要成为企业分析员，
而不是证券分析员

【金句原文】

When investing, we view ourselves as business analysts — not as market analysts, not as macroeconomic analysts, and not even as security analysts.

投资的时候，我们把自己视为企业分析员，而不是市场分析员，更不是宏观经济分析员或者证券分析员。

macroeconomic *adj.* 宏观经济（的）

analyst *n.* 分析员，分析师

【金句解读】

出自 1987 年巴菲特写给股东的信。

巴菲特的这句话很有哲理，也非常有名。做投资的时候，到底应该分析企业、分析股票、分析宏观经济，还是分析证券市场？巴菲特就这个问题专门做了说明。

在做股票投资的时候，以什么样的角色看待市场，就代表自己有什么样的投资立场。把自己视为企业分析员就代表自己要研究企业，以企业分析为立足点，不关心市场热点、市场走势、宏观经济、宏观数据、个股走势，等等。

10 岁左右的小朋友们读到这样的句子，能在学习英文的同时，树立正确的财商观念，而这样的水平，已经超过很多 30 岁以上的华尔街专业人士，甚至超过 80% 的证券公司的从业人员。这也是本书的意义所在。

057

随时带着猎枪

【金句原文】

Our basic principle is that if you want to shoot rare, fast-moving elephants, you should always carry a loaded gun.

我们基本的投资原则是：如果你想捕获罕见且快速移动的大象，你应该总是带一把子弹上了膛的枪。

英文知识点

elephant 大象

loaded gun 上了膛的枪

【金句解读】

出自 1987 年巴菲特写给股东的信。

巴菲特在这里用一个比喻讲述了自己投资的原则。

到了 20 世纪 80 年代后期，伯克希尔－哈撒韦公司规模越来越大，拥有很多的资金，如果收购小企业或购买小企业的部分股权，即使赚钱也是杯水车薪，解决不了问题。公司要做的是投资大市值的企业，这里的"大象"就是用来比喻大市值的好企业，或大的投资机会。这样的机会是相当罕见的，合理的价格一旦出现，稍纵即逝，投资者需要时刻准备好自己的资金。这句话用"上了膛的枪"，比喻随时准备好资金，以便在机会来临时，可以立马"开火"。

058

让管理者放手去干

【金句原文】

The contribution Charlie and I make is to leave these managers alone.

查理和我所做的贡献就是让这些企业的管理者放手去干。

> **英文知识点**
>
> leave someone alone 不打扰某人，让某人放手去干

【金句解读】

出自 1988 年巴菲特写给股东的信。

巴菲特的伯克希尔－哈撒韦公司收购了很多的优秀企业，而这些企业的管理人兢兢业业，像企业的主人一样忘我地工作，他们当中有的是企业曾经的创办者，有的是高级管理人员，他们都很棒。巴菲特曾讲到，这些高级管理人员已经干得很好了，他们比巴菲特更懂企业所在的行业，更懂企业的经营之道，那么他为什么要去干涉他们的管理工作呢？没必要，应该让他们放手去干。这样一来，巴菲特可以把主要精力放在伯克希尔－哈撒韦公司的资金配置管理上。

059

财务造假的危害大于抢劫银行

It has been far safer to steal large sums with a pen than small sums with a gun.

用笔窃取一大笔钱要比用枪抢劫一小笔钱安全得多。

英文知识点

sum *n.* 金额，款项

steal *v.* 偷窃

【金句解读】

出自 1988 年巴菲特写给股东的信。

如果一个人拿着枪去银行抢钱，那么即使把麻袋装满了，他也拿不了多少钱。而且，即使把这些钱抢到手，他也发不了财，更何况，在抢劫的时候，他极有可能被击毙或者被抓起来。

但用笔窃取一大笔钱，就比拿枪去抢一小笔钱安全多了。那么，用笔怎么窃取呢？巴菲特指出并抨击了当时的会计准则漏洞，这些漏洞让有些人可以通过财务造假，窃取企业的资金。虽然严重者可能被判刑或者坐牢，但鲜有被击毙的可能。

在这句话中，巴菲特强烈地讽刺了做假账的会计师，讽刺他们帮助企业管理者或上市公司做假账的不良行为。

060

跟自己欣赏的人一起共事，是一件乐事

【金句原文】

It is great fun to be in business with people you have long admired.

跟你一直欣赏的人一起共事，实在是一件令人兴奋的事情。

> 英文知识点
>
> long admired 长期钦佩的

【金句解读】

出自 1988 年巴菲特写给股东的信。

这一年巴菲特 58 岁，他在这句话中分享了快乐工作的秘诀，即与一直欣赏的人一起共事。

笔者发起创建的巴芒读友会，聚集了一群志同道合、理念一致、熵增最小的同学们。在这里，大家一起与比自己更好的人、自己欣赏的人打交道，共同进步，这是一件令人愉快的乐事。

巴芒读友会里的小朋友们，来自祖国各地，小小年纪便参加财商朗读比赛、勤工俭学、小小 CEO、人生十练等活动。大家虽然相距千里之远，但在社群里建立起了深厚的友谊。他们比巴芒读友会里平均 40 岁的大朋友们，早 30 年就知道了要与喜欢和欣赏的人打交道的道理，这会给他们的人生插上翅膀，让他们早早地获得人生的巨大优势。

061

对未来一年的市场，
永远不做任何预测

We do not have, never have had, and never will have an opinion about where the stock market, interest rates, or business activity will be a year from now.

我们对于未来一年之内短期的股票市场走势、利率变化、企业活动不会有任何评论。过去不会，现在不会，以后也不会。

【金句解读】

出自 1988 年巴菲特写给股东的信。

巴菲特对预测所发表的观点就是：不评论未来一年之内短期的股票市场走势、利率变化、企业活动，不管是在过去、现在，还是在以后。

所以，巴菲特多次向投资者阐述，请不要再问他与短期预测相关的问题。

062

高增长率不可能无限持续下去

【金句原文】

We face another obstacle: In a finite world, high growth rates must self-destruct.

我们还面临着另一个障碍：在一个有限的世界里，持续的高增长率必然会导致自我毁灭。

> **英文知识点**
>
> obstacle *n.* 障碍
>
> self-destruct *v.* 自毁
>
> high growth rate 高增长率

finite *adj.* 有限的（反义词：infinite，无限的，无穷尽的）

【金句解读】

出自 1989 年巴菲特写给股东的信。

高增长率不可能一直持续。而且在一个有限的世界里，持续的高增长率必然会导致自我毁灭。任何人都面临这样的障碍，巴菲特也一样。

巴菲特说这句话是为了让自己和自己的同路人保持冷静、清醒。如果自己每年都能赚 100%，那么十年、二十年后，财富会远远超出自己的认知。所以，别做白日梦了，持续的高回报根本就不可能实现。

虽然，我们学习是为了创造某些可能，把那些可能或看似不可能的想法变成真的，但很少有人会想到，学习也能让我们保持头脑冷静，让我们知道哪些事情永远不可能实现。知道自己能吃几碗饭，其实也是一种学习所得，这事儿也非常重要。

063

高增长率会自动减速

【金句原文】

A high growth rate eventually forges its own anchor.

高增长率最终会锻造它自己的停泊之锚。

> **英文知识点**
>
> forge *v.* 锻造
>
> anchor *n.* 锚

出自 1989 年巴菲特写给股东的信。

这条金句与前一条金句相对应，旨在说明高增长率本身并不可持续，高增长率最终会自我约束。句子中用"锻造它自己的停泊之锚"比喻自我约束。在基数较小的时候，高增长率有可能会持续一段时间；但当基数增长到一定程度以后，增长率就会降低，最终会回归常规增长率，这是由经济规律决定的，并不由人们的主观意愿决定。

064

把时间花在自己不了解、不喜欢的对象上，是不明智的

【金句原文】

We think it makes little sense for us to give up time with people we know to be interesting and admirable for time with others we do not know and who are likely to have human qualities far closer to average.

我们认为，不关注那些我们了解的、有趣又令人钦佩的人，而关注那些我们不了解的、品质一般的人，是非常不明智的选择。

【金句解读】

出自 1989 年巴菲特写给股东的信。

这条金句很长，而且中间没有任何停顿。我们看完整个句子后，刚开始可能会感到一头雾水。对这样的句子，需抽丝剥茧，慢慢理解。" for us to give up time with people......for time with others......" 整个句子都是在修饰 "it makes little sense"。句子中间又包含两个从句，分别修饰 "people" 和 "others"。

在这句话中，巴菲特阐述了应该花精力与什么人相处的原则。他是从公司管理的角度来表述的：明智的选择就是把时间花在我们了解的、有趣又令人钦佩的人身上。实际上，对于我们普通人而言，这个表述也同样适用。

065

如果不懂珠宝，那就去搞懂你的珠宝商

【金句原文】

"If you don't know jewelry, know your jeweler" makes sense whether you are buying the whole business or a tiny diamond.

———————

"如果你不懂珠宝，那就去搞懂你的珠宝商"，对你来说，无论是买下整个珠宝公司还是买一颗小钻石，这句话都同样适用。

【金句解读】

出自 1989 年巴菲特写给股东的信。这一年巴菲特 59 岁。

巴菲特借用了珠宝界的一句俗语，映射投资管理方面的一个原则或一种风格。

你不懂珠宝没关系，你认识珠宝商也可以。认识一个珠宝商，远比认识珠宝重要，因为珠宝商更懂珠宝。同样，一个人不懂某个产品也没关系，因为找到懂这个产品且人品好的人更重要。

066

被人当成傻子也没关系，只要我们知道自己不傻就行

【金句原文】

We are willing to look foolish as long as we don't feel we have acted foolishly.

只要我们自己知道自己的行为不傻，那么，即使我们被当成傻子看待也无所谓。

> **英文知识点**
>
> be willing to 愿意
>
> as long as 只要

【 金句解读 】

出自 1989 年巴菲特写给股东的信。

在股市低迷的时候，企业的资产往往物超所值。这种时候我们要敢于大胆买入，逆向投资，不要在意别人的看法和说法，只要自己心里清楚自己没做傻事，知道自己正在做正确的事就可以了。

巴菲特强大的内心世界就是这样建立起来的。

我们都可以问问自己，在股市低迷的时候，我们能不能保持独立思考，做自己认为正确的事情呢？

067

我应该在五十多年前就让爷爷买入可口可乐的股票

【金句原文】

In fact, if I had been thinking straight, I would have persuaded my grandfather to sell the grocery store back in 1936 and put all of the proceeds into Coca-Cola stock.

事实上，如果我有足够的远见的话，早在 1936 年，我就应该说服爷爷卖掉杂货店，然后用所有的资金买入可口可乐的股票。

英文知识点

persuade *v.* 劝说

grocery store 食品杂货店

proceeds *n.* 收入，收益

【金句解读】

出自 1989 年巴菲特写给股东的信。

这条金句是关于可口可乐公司的，因为在 1989 年，巴菲特开始重仓买入可口可乐公司的股票。

1936 年，巴菲特才 6 岁，而可口可乐公司之后经过 50 多年的发展，到 1989 年已经发展成庞大的公司。可口可乐公司从 1919 年上市到 2019 年的 100 年间，股价上涨了 46 万倍，可见其足够伟大与优秀。

如果巴菲特在 6 岁的时候能够劝说他爷爷卖掉杂货店，用获得的资金购买可口可乐的股票，那么到了 1989 年，他爷爷一定收入不菲。当然了，这只是一种假设，在巴菲特那么小的时候，他爷爷不可能听一个 6 岁小孩子的话，也不可能放弃以此为生的杂货店。

巴菲特在 1936 年就从杂货店批发可口可乐，然后加价卖出。从那时候起，他就与可口可乐建立起了联系，但他直到 1988 年，"大脑与眼睛完成了联机动作"，之后才开始买入可口可乐公司的股票。这一次灵光乍现，让巴菲特获益良多，巴菲特也很风趣地说，距离下一次灵光乍现，可能还要等上 50 多年。

068

烂公司不可能通过会计手段变成好公司

【金句原文】

A base business cannot be transformed into a golden business by tricks of accounting or capital structure.

不可能通过会计做账或资本重组等手段，把一家低劣的公司变成一家优秀的公司。

英文知识点

trick *n.* 诡计，技巧

base business 低劣的公司

---

golden business 优秀的公司

accounting *n.* 会计

capital structure 资本的结构

【金句解读】

出自 1989 年巴菲特写给股东的信。

这句话主要抨击了财务上的会计作假行为。

一家优秀的公司是由好的商业模式、伟大的产品、优秀的管理层、健康的基本面和财务结构等构成的。财务做账或者资本重组等方式，只能让一家低劣公司的财务数据看起来好看一些，而不能让它变成一家优秀的公司。

069

便宜的价格让雪茄烟蒂也有利可图

【金句原文】

A cigar butt found on the street that has only one puff left in it may not offer much of a smoke, but the "bargain purchase" will make that puff all profit.

在大街上捡到的雪茄烟蒂，仍然可以吸上一口，虽不能提供更多价值，但低廉的成本让这口烟仍然有利可图。

cigar butt 雪茄烟蒂

puff *n.*（烟、气等的）一缕

    v. 吸，抽（香烟等）

one puff 一口烟可以吸

bargain purchase 折价购买

【金句解读】

出自 1989 年巴菲特写给股东的信。

这就是著名的"雪茄烟蒂投资法"，这种投资方法就像在大街上捡到了只剩下一点点烟丝的雪茄烟蒂，虽然只够吸上一口，但是由于付出的价格极其便宜或者几乎没有成本，哪怕吸最后一口，仍然有利可图。对于那些用极其低廉的价格购买的足够便宜的股票，我们在其稍微上涨或者进行清算时卖出，仍然可以获利。

不过，此时的巴菲特已经吸收了费雪和芒格的投资思想，即以合理的价格购买优秀公司的股票，逐渐摆脱了雪茄烟蒂投资法。

070

时间是好公司的朋友，是平庸公司的敌人

【金句原文】

Time is the friend of the wonderful business, the enemy of the mediocre.

时间是好公司的朋友，是平庸公司的敌人。

英文知识点

mediocre *adj.* 平庸的

【金句解读】

出自 1989 年巴菲特写给股东的信。

1989 年，巴菲特先生 59 岁，2024 年的今天，他 94 岁。我们站在当下看 35 年前的巴菲特，会觉得当时 59 岁的巴菲特还很年轻。而对我们自己来说，无论现在年纪有多大，在人生的长河中，我们都还很年轻，时间也都来得及。所以投资一定要从长远考虑，要记住，时间是好公司的朋友，是平庸公司的敌人。

我们做人也是一样的道理，做一个德才兼备的人，朋友会越来越多；反之，则会走上穷途末路，朋友会越走越少。当身处一个好环境时，我们一定要珍惜这个好平台，提升自己，照亮他人，达成人生的复利。

071

好骑师要配上好马
才能有好成绩

【金句原文】

Good jockeys will do well on good horses, but not on broken-down nags.

好的骑师只有配上好马，而非衰弱跛脚的老马，才能取得好的成绩。

英文知识点

jockey *n.* 赛马骑师

nag *n.* 马，常指老马

broken-down *adj.* 衰弱的

【金句解读】

出自 1989 年巴菲特写给股东的信。

好的骑师只有在骑一匹好马时才能取得很出色的成绩。如果他骑的是一匹跛脚马，那他再优秀也无法有很好的表现。

通过说骑师与马的关系，巴菲特意在说明在投资中投资人与所投企业的关系。无论是在二级市场上购买上市公司的部分股权，还是收购非上市企业，只有买好的企业，投资人才能够有好的收获。如果企业本身"质地"并不好，那么，即使花费很大的精力，也不见得能有好的收获。

072

寻找那些可以跨越的栏杆

To the extent we have been successful, it is because we concentrated on identifying one-foot hurdles that we could step over rather than because we acquired any ability to clear seven-footers.

———

从某种程度上来说，我们过去能成功，是因为我们曾集中精力去寻找那些我们能跨越的一英尺栏杆，而不是因为我们获得了跨越七英尺栏杆的能力。

【金句解读】

出自 1989 年巴菲特写给股东的信。

具备跨越七英尺栏杆的能力固然重要，但能够集中精力跨越一英尺栏杆，挑战低难度的事情，并且持续把它做好，也是一件非常了不起的事情。

在我们工作、管理和生活中，挑战难的事情能够成功，当然令人欣喜，但是过日子更多需要的是做一件又一件看似容易的事情，并且千百遍地把它们做完美，集腋成裘、聚沙成塔。

073

学会避免难题

【金句原文】

After 25 years of buying and supervising a great variety of businesses, Charlie and I have not learned how to solve difficult business problems. What we have learned is to avoid them.

做了 25 年收购和管理各种企业的工作以后，查理和我没有学会如何解决企业难题，倒是学会了如何避免难题。

英文知识点

supervise *v.* 指导，监督

【金句解读】

出自 1989 年巴菲特写给股东的信。

这句话讲的是企业管理，但对我们的生活和工作也很有启发。

巴菲特说，做了 25 年收购和管理各种企业的工作，他和查理没有学会如何解决企业遇到的各种难题。

他们学会了，碰到难题就避开它，而不是迎难而上。当某件事情很难解决，也非常具有挑战性时，甚至有时可能会危及生命，那么，即使你拼了命，也很可能解决不了这个难题。因此，一个很有智慧的做法就是避开它。

074

做容易的事

Easy does it.

做容易的事。

【金句解读】

出自 1989 年巴菲特写给股东的信。

巴菲特在这条金句所在的段落中说，我们都是普通人，不要总是想着挑战高难度的事。

做容易的事，可以轻松完成。容易完成的事，做成百上千次，每次都做对，每次都多快好省且准确地完成，也是很不容易的。

在笔者发起的"清华师兄弟"专栏中，曾有一个观点：学生只要把课本上的题以最快的速度、最高的准确率完成，基本就可以考上 211 大学。

但是现实的情况是，很多家长和学生有时候走了弯路，认为只有挑战高难度的习题，才能战胜别人，专门挑战"七英尺栏杆"，这使得失败的概率大大提高。

075

要避开恶龙，
而不是杀死它们

【金句原文】

We've done better by avoiding dragons than by slaying them.

我们干得很好，是因为我们避开了这些恶龙，而不是想着杀死它们。

英文知识点

slay *v.* 杀死

【金句解读】

出自 1989 年巴菲特写给股东的信。

"dragon"是西方神话中的恶龙，它们守护财宝，会喷火，是与英雄相对抗的生物。

我们做得好，是因为我们避开了这些恶龙，而不是想着杀死它们。把时间和精力放在值得的事情上，然后把它们做好，那就离成功不远了。

有的人有天赋，很容易就能解决问题，但同样一个问题，对于其他的人而言可能就非常难。所以我们不要过于执着，该放弃的时候就放弃。

076

跟坏人永远都做不成一桩好生意

【金句原文】

We've never succeeded in making a good deal with a bad person.

跟坏人打交道，还做成一桩好生意，这种事情我们从来没有遇到过。

【金句解读】

出自 1989 年巴菲特写给股东的信。

巴菲特用他的智慧告诉我们要做一个有价值的好人，并且让别人知道自己是一个好人，这样的话，别人才愿意和你做生意。而且，好人又会遇到更好的人，与有价值的好人打交道，做成好生意的可能性就很大。

对小朋友们来说，小小年纪就知道要对好人好，跟好人做朋友，离坏人远一些，能让自己在日后的工作和学习中少走弯路。

077

宁要跌宕起伏的高回报，也不要四平八稳的低回报

【金句原文】

Charlie and I always have preferred a lumpy 15% return to a smooth 12%.

查理和我总是宁愿要跌宕起伏的 15% 的回报，也不希望要四平八稳的 12% 的回报。

英文知识点

lumpy *adj.* 起伏的

smooth *adj.* 平滑的

　　出自 1989 年巴菲特写给股东的信。这一年巴菲特 59 岁。

　　这句话表明了芒格和巴菲特投资风格上的一个倾向，即宁愿冒一些高风险，希望最终取得高回报。其实，伯克希尔－哈撒韦公司资金量巨大，哪怕只有 3% 的回报，在一个较长的投资周期里，比如 60 年，也能获得非常可观的回报。

　　很多人刚开始都表示自己愿意承担高风险，博取高回报。但是，更多情况下，下定这样决心的人最终都没有走到最后：或是在中间跌宕起伏的过程中，因为开始的贪婪、后来的恐惧而提前离场；或是因为后来遭受各种各样的意外等，没有坚持到最后。

078

找到能人，并为他们提供可以发挥能力的环境

【金句原文】

Our job is merely to identify talented managers and provide an environment in which they can do their stuff.

我们的工作仅仅是找到有才能的管理者，并为他们的工作提供一个良好的环境。

merely *adv.* 仅仅

talented manager 有才能的经理人

identify *v.* 找到，发现

【金句解读】

出自 1990 年巴菲特写给股东的信。这一年巴菲特 60 岁。

巴菲特的管理智慧就是挖掘有才能的经理人，并为他们提供一个能够发挥其才能，物尽其用、人尽其才的好平台和好环境。

巴菲特在写给股东的信中提到很多案例，很多被并购公司的创始人本想在并购后只继续工作很短的一段时间，但由于巴菲特提供了一个能发挥其才能的极佳工作环境，所以他们会继续工作很多年，比如联合零售公司的本杰明·罗斯纳。这也是巴菲特和伯克希尔－哈撒韦公司的一个成功秘诀。

079

股价低迷的主要原因是悲观情绪

【金句原文】

The most common cause of low prices is pessimism.

造成股价低迷的主要原因是悲观情绪。

英文知识点

pessimism *n.* 悲观主义

【金句解读】

出自 1990 年巴菲特写给股东的信。

如果人们现在对证券市场的前景不乐观，那么此时所有的消息都会是坏消息。在被悲观情绪左右的股票市场中，股价会持续低迷。

巴菲特这句话非常精彩地解读了熊市之所以是熊市的原因：人们的悲观情绪在起作用。在中国约有 2 亿的股民，若大多数都是悲观的，那股市就会表现为极度低迷。

080

与日常生活相比，
股票市场受情绪影响更大

【金句原文】

We want to do business in such an environment, not because we like pessimism but because we like the prices it produces.

我们希望在股市低迷的市场环境中购买股票，并非因为我们喜欢悲观情绪，而是因为我们喜欢悲观环境所产生的股票价格。

出自 1990 年巴菲特写给股东的信。

这条金句是上一条金句的延伸，都是巴菲特在 1990 年提出来的。

巴菲特不喜欢悲观情绪，但是他喜欢悲观的市场环境下产生的极低的股票价格。这时他可以合理利用手里的资金，大笔买入低价的股票。

当一个价值为 10 元的产品，在悲观情绪下只能以 5 元的价格出售时，我们当然希望能够买入。股票市场与日常生活中的道理其实是一致的，只是股票市场受人们情绪的影响更大。

081

乐观是理性投资者的敌人

【金句原文】

It's optimism that is the enemy of the rational buyer.

乐观是理性投资者的敌人。

英文知识点

optimism *n.* 乐观主义

【金句解读】

出自 1990 年巴菲特写给股东的信。

这句话是从乐观情绪的角度来阐述它所带来的后果。

在工作和生活中，乐观很重要，但是到了股票市场，所有人都乐观了，结果就会不太乐观。

价值 10 元的产品，被卖到了 20 元的价格，甚至更高，就会出现买贵了的情况。因为大家都乐观，价格就会被抬高，远超产品本身的价值。所以，乐观才是理性投资者最大的敌人。

悲观和乐观要辩证、理性地看待，悲观情绪所带来的价格下跌，或乐观情绪所带来的价格上涨，与相应的股票价值之间的关系，才是投资者应该仔细琢磨、理性看待的重要议题。

082

很多人宁愿死也不愿意思考

【金句原文】

Bertrand Russell's observation about life in general applies with unusual force in the financial world: "Most men would rather die than think. Many do."

伯特兰·罗素对于人性的普遍观察，在金融领域同样具有非同寻常的影响力："大多数人宁愿死也不愿意思考，很多人确实如此。"

英文知识点

in general 通常

observation *n.* 观察

apply *v.* 应用

unusual force 不同寻常的力量

【金句解读】

出自 1990 年巴菲特写给股东的信。

"大多数人宁愿死也不愿意思考",巴菲特用这句话嘲讽了社会上那些胡乱炒股的人,他们不了解公司是做什么业务的,也不了解管理层,不了解企业的过去和未来,买入的理由也不清楚,只是跟风,通过打探消息来买入。

一个人在自己不熟悉的行业赚了钱,大部分都是偶然,没有谁能够凭借偶然的机会,取得一生的成功。

083

我们需要一些运气

【金句原文】

Wish us luck—we'll need it.

祝我们好运吧！我们都需要它。

【金句解读】

出自 1991 年巴菲特写给股东的信。

这一年巴菲特 61 岁，当时美股是大牛市，标普 500 指数涨了 30%，伯克希尔 – 哈撒韦公司的投资组合涨了 35.6%。

"Wish us luck" 这样的句子，我们不仅在学习英文和财经知识的时候会遇到，在日常生活中也经常能用到。这 100 条英文金句对学英语的大小朋友来说也是非常好的学习素材。

084

双重收益

【金句原文】

In effect, we got a double-dip benefit, delivered partly by the excellent earnings growth and even more so by the market's reappraisal of these stocks.

实际上，我们获得了双重好处，部分好处来自强劲的盈利增长，更多好处来自市场对这些股票的重新评估。

英文知识点

in effect 实际上

benefit *n.* 好处

reappraisal *n.* 重新评估

【金句解读】

出自 1991 年巴菲特写给股东的信。

实际上，这就是著名的"戴维斯双击"。

企业市值的变化包含两部分。

一是企业盈利的变化。盈利的增长，最终会反映在股价的增长上。

二是市场情绪的变化。乐观的情绪，会促使公司的股票重新被评估，估值变高。

二者综合作用就会导致双重收益。

股票代表背后的企业，公司盈利增长了，股票价格就会反映这种盈利增长。

股票市场是由千千万万个交易者组成的，每个人的买卖行为是不可预测的，他们的乐观或悲观组成了市场的情绪，带来了相应的市场交易操作。根据市场情绪的变化，企业的股票时时刻刻都在发生变化，这就是我们所说的股票被重新评估。

巴菲特说，购买一家公司的股权，在享受其成长带来的盈利增长的同时，如果市场从悲观转向乐观，那么股票也会重新被评估。综合作用下，股价会上涨，投资者会获得双重收益。

085

我死后五到十年才会退休

At the Harvard Business School last year, a student asked me when I planned to retire and I replied, "about five to ten years after I die".

去年，在哈佛商学院，一位学生问我打算什么时候退休，我回答道："我死后的五到十年。"

> **英文知识点**
>
> Harvard Business School 哈佛商学院

【金句解读】

出自 1991 年巴菲特写给股东的信。

巴菲特用半开玩笑的口气，回答了一个严肃的问题。

他回答这个问题时是 1990 年，当时，巴菲特已经 60 岁了。他的意思是，即使他不在世了，他依然会影响伯克希尔－哈撒韦公司五到十年（在 2024 年的今天，巴菲特已经 94 岁了。距离回答那个问题已经过去 34 年，巴菲特老先生依然健壮，宝刀未老）。当年问这个问题的年轻人，今天恐怕已经 50 多岁了，也不知道他是否健在。再者，当提问者再次看到这句话的时候，会作何感想？

随着年龄的增长，越来越多的投资者会问类似的问题：如果巴菲特不在了，伯克希尔－哈撒韦公司该怎么办？其实 2019 年巴菲特在写给股东的信中特地回答了这个问题。他说，在芒格和巴菲特都离世的时候，他们已经做好了身后的万全之策。这也体现了他们的责任感和智慧。

086

盯紧赛场，而不是记分牌

【金句原文】

In investing, just as in baseball, to put runs on the scoreboard, one must watch the playing field, not the scoreboard.

在投资中，就像在棒球运动中一样，要想在记分牌上得分，就必须紧盯赛场，而不是盯着记分牌。

英文知识点

baseball *n.* 棒球

scoreboard *n.* 记分牌

playing field 运动场

【金句解读】

出自 1991 年巴菲特写给股东的信。

在棒球赛场上，要在记分牌上获得更多的积分，不需要紧盯着记分牌，因为那是没用的。人的注意力必须集中在赛场上。

同样，在投资中，要想赚钱，就要好好研究股票背后的企业，研究企业的基本面，而不是时刻关注股价的波动。

087

后视镜总是比前挡风玻璃看得更清楚

【金句原文】

In the business world, unfortunately, the rear-view mirror is always clearer than the windshield.

在商业领域，不幸的是，后视镜总是会比前挡风玻璃看得更加清楚。

英文知识点

windshield *n.* 挡风玻璃

【金句解读】

出自 1991 年巴菲特写给股东的信。

在商业领域，不幸的是，后视镜总是比前挡风玻璃看得更加清楚。人们开车 99% 的时候是往前开，只有不到 1% 的时间是倒车。看后视镜能很清楚地看到所走过的路，因为那是唯一且确定的线路，而当你往前开的时候，有时可能会迷惑、茫然。

书读千遍依然过不好这一生，因为书里总结的都是过去发生的事情，而我们的生活是向前的，现实恰恰要比书本内容复杂一万倍。

投资领域更是如此，观察一支股票过去的走势图，很容易就可以得出明确的结论，具体在哪个时刻可以买入，在哪个时刻可以卖出，那样一定会赚很多钱。这就是非常明显的后视镜思维看问题。但根据当前股票的走势，谁能明确地说出下一步是上涨还是下跌吗？很明显，没有人可以，因为没有人能够预测未来。这也是"事后都易，当下最难"的真实写照。

088

有经济特许权的商品的
三个特点

【金句原文】

An economic franchise arises from a product or service that:

(1) is needed or desired;

(2) is thought by its customers to have no close substitute;

(3) is not subject to price regulation.

具有经济特许权的产品或服务一定是：

（1）被需要或被渴望的；

（2）客户认为没有类似的可替代产品的；

（3）不受价格管制的。

【金句解读】

出自 1991 年巴菲特写给股东的信。

什么是特许权？一种特许权是政府赋予的特殊权利，比如公用事业企业。还有一种是非公用事业企业，通过自己努力，在人们心中创立了某种特许权，我们身边就有很多例子，比如茅台集团、喜诗糖果。

具有经济特许权的产品或服务是受人欢迎的，因为它们有自己的市场地位，并且竞争不那么激烈，还可以提价，抵御通货膨胀。

针对这样的特点，我们投资时要想一想自己投资的公司制造的产品或提供的服务是否被人们需要，是否有其他替代品，是否可以提价。一个产品想抵御通货膨胀，通常要具有提价的权利，若提价以后，还能被人们所接受，说明产品和服务具有独到之处。

089

频繁交易的人不能被称为投资者

【金句原文】

We believe that according the name "investors" to institutions that trade actively is like calling someone who repeatedly engages in one-night stands a romantic.

我们认为，把频繁交易的机构称作投资者是不合适的，就像不能把经常更换恋人的人称作浪漫的人一样。

【金句解读】

出自 1991 年巴菲特写给股东的信。

这条金句不是特别长，但从句套从句，中间没有任何标点符号，英文结构相对比较复杂，需要把长句分解开，来学习这个金句。

巴菲特用形象的比喻，幽默地批评了高频交易的投资机构。这些机构应被称为投机者，而不是投资者。

090

如果一开始就成功了，那就没必要再尝试其他的

Since finding great businesses and outstanding managers is so difficult, why should we discard proven products? Our motto is: "If at first you do succeed, quit trying."

找到优秀的公司和杰出的管理者是如此困难，那么我们为什么要放弃已经被证明了的东西呢？我们的座右铭是："如果我们一开始就成功了，那就没有必要再尝试其他的了。"

【金句解读】

出自 1991 年巴菲特写给股东的信。

巴菲特曾觉得某家餐厅的食物很好吃，便经常光顾这家餐厅。

巴菲特的朋友问他："你不觉得单调吗？"

巴菲特回答："我们吃得很好，为什么要去尝试别的呢？"

如果觉得这家餐厅很好，那么在这儿就餐他会 100% 满意，但要是尝试一家新餐厅，就会有 50% 的风险不满意。

当然，从投资的角度来看，这句话是说，找到优秀的企业和杰出的管理者是非常难得的，碰到志同道合的人也是不容易的，一旦遇到就要珍惜彼此。

091

我们没有预测神奇企业的能力

【金句原文】

We will never develop the competence to spot such businesses early.

我们从来没有这样的能力，即在企业的早期就发现它将来会发展成一家伟大的企业。

> **英文知识点**
>
> spot *v.* 注意到，发现
>
> such business 这里指一家企业慢慢发展成伟大的企业

【金句解读】

出自 1991 年巴菲特写给股东的信。

巴菲特说他们不具备这样的能力，无法在企业创立的早期就知道它将来能否发展成一家伟大的企业。巴菲特从 2016 年开始买入苹果公司的股票，时至今日，巴菲特已经从苹果公司身上赚取了上千亿美元。可能有人会问巴菲特："你为什么不更早一点买苹果的股票呢？"对于这样的问题，巴菲特会说："我不具备这样的能力。"

从后视镜看问题，会觉得问题都很简单。

伟大的投资家巴菲特尚且如此，不具备在企业早期就发现该企业伟大之处的能力，那我们普通人更是如此。普通人能够通过千万次的重复，把普通而简单的事情做好，就已经非常了不起了。

092

最大的错误在于可做而未做

【金句原文】

Typically, our most egregious mistakes fall in the omission, rather than the commission, category.

通常，我们最大的错误不是发生在我们已经做了的那部分，而是发生在我们能做但没有去做的那部分。

英文知识点

egregious *adj.* 极糟的，极坏的

omission *n.* 遗漏；被省略（或排除）的人（或物），指的是没有去做的事

commission *n.* 做错事

【金句解读】

出自 1991 年巴菲特写给股东的信。

一个人一生中会遇见很多次机会，一个投资者在整个交易生涯中也会面临很多次选择，有些错误固然是由于买了不那么好的股票而亏钱，但更多的错误是由于错过了本来可以买而没有买的好股票。

通常，人们会关注、反思第一种错误，但巴菲特认为第二种错误其实更令人遗憾。

093

真诚赞美的威力

【金句原文】

These men were tireless, effective, supportive and selfless, and I will forever be grateful to them.

这些人废寝忘食、富有效率、无私奉献，我将永远感激他们。

> **英文知识点**
>
> selfless *adj.* 无私的
>
> grateful *adj.* 感激的

【 金句解读 】

出自 1992 年巴菲特写给股东的信。

根据笔者的研究，巴菲特一生成功的关键因素之一，是对于事业伙伴的真诚赞美。而这条金句就是巴菲特赞美别人的具体例子。

学会了真诚赞美，堪称是掌握了完美人生的"核武器"，对于抓住人生发展的机遇非常有帮助。

真诚赞美在我们普通人身上也非常适用。"每天七个赞，人生无遗憾，快乐万里传"，这是我们在巴芒读友会社群里实践得出的价值千金的信条。当然，这也引出了一个非常有意义的话题，即我们学习巴菲特到底是在学习什么？我们不仅要学习巴菲特的投资智慧，也要学习巴菲特的优秀品格，学以致用，充实人生。

094

让伯克希尔－哈撒韦公司的股票物有所值

【金句原文】

We have a firm policy about issuing shares of Berkshire, doing so only when we receive as much value as we give.

我们对伯克希尔－哈撒韦公司股票的增发有严格的规定，至少在我们收到的价值与我们所给予的价值相等时，我们才会这样做。

英文知识点

issue *v.* 发行

出自 1992 年巴菲特写给股东的信。

关于发行新股，巴菲特阐述了作为管理者的态度。

巴菲特在写给股东的信中多次讲过增发或回购伯克希尔 – 哈撒韦公司股票应遵循的原则，他不希望伯克希尔 – 哈撒韦公司的价值或者股东权益受到损失，所以，他们至少在收到的价值与付出的价值相当时，才会增发股票，否则，不做不划算的交易。

巴菲特在 1982 年写给股东的信中谈到并购时曾讲过，有以下三种方法可以避免原有股东的股份价值遭到侵蚀：

（1）以合理的价格对企业进行并购，即付出一致的内在价值；

（2）并购发生在本企业股票市价高于其实际内在价值的时候；

（3）即使在低估的时候，并购也可以照常进行，之后接着从市场买回因并购所增发的股份数量。

095

股评家与算命先生

【金句原文】

We've long felt that the only value of stock forecasters is to make fortune tellers look good.

一直以来，我们认为股评家唯一的价值就是让算命先生看起来像那么回事。

> **英文知识点**
>
> stock forecaster 股票预测者，股评家
>
> fortune teller 算命先生

【金句解读】

出自 1992 年巴菲特写给股东的信。

在投资上，巴菲特一直对于所谓的专家预测不屑一顾、嗤之以鼻，这句话极其典型地表现了他的这种态度。

事实上，没有人可以预测股市，股评家无法预测股市走向，根本原因是因为人心难测。

096

持续练习，可以让你的表现变得稳定、持久

【金句原文】

Practice doesn't make perfect; practice makes permanent.

不断地练习虽然不能让你达到完美的境界，但可以让你的表现变得稳定、持久。

英文知识点

permanent *adj.* 永久的

【金句解读】

出自 1992 年巴菲特写给股东的信。

"Practice makes perfect"是英文中的固定短语，在中文的语境里就是"熟能生巧"的意思，不断地练习，会熟能生巧，达到比较完美的境界。巴菲特在这个固定短语的基础上，进一步进行了说明。巴菲特讲到，练习不一定能达到完美，但是我们还是需要不断练习，以让自己的表现保持稳定、持久。

以高尔夫选手为例：高尔夫选手通过不断练习，即使不能达到完美，也可以让技术保持稳定。如果不练习，技术肯定会退步。

做投资也是一样，巴菲特早年通过便宜的价格买过几家普通的公司，获得的收益平平，后来也没能让"青蛙"变成"王子"。再后来，巴菲特受费雪和芒格的影响，投资策略发生了变化，学会了以合理的价格买入好公司，而不是以便宜的价格买入普通的公司，从而实现了稳定、持久的投资收益。

097

当潮水退去，
才知道谁在裸泳

【金句原文】

It's only when the tide goes out that you learn who's been swimming naked.

只有在潮水退去的时候，才能知道谁在裸泳。

英文知识点

tide *n.* 潮水

naked *adj.* 裸露的

【金句解读】

出自 1992 年巴菲特写给股东的信。

当牛市来临时，大家都在赚钱，但人们很难知道自己是靠运气，还是靠能力赚的钱。如果把运气当成能力，自己就会高估自己的能力。而且在牛市中，普遍存在乐观情绪，在此阶段总结出来的经验也只能说是阶段性的经验。

当熊市来临时，也就是在潮水退去的时候，我们才能清楚地看到谁在裸泳，因为这个熊市能考验投资者真实的投资水平。但根据熊市总结出来的经验，也可能只是阶段性的经验，而不是真正值得总结的真理。比如空仓躲过了熊市或减少了亏损，同样也有可能错过将来股票市场的上涨。

只有一直待在股票市场上，在长周期的实践中总结出来的投资经验，才有可能应对市场变化，形成普遍适用的经验。

当大牛市来临的时候，你身边的人可能都赚钱了，但这也说明不了他们的投资水平。到那个时候，再回顾这句话，你会觉得特别有意义。

098

傻瓜和他的钱，
到处都受欢迎

A fool and his money are soon invited everywhere.

傻瓜和他的钱在哪儿都受欢迎。

【金句解读】

出自 1992 年巴菲特写给股东的信。

据说这句话就挂在巴菲特的办公室里：

傻瓜和他的钱在哪儿都受欢迎。

傻瓜，在我们今天的语境中，就是"韭菜"的意思。傻瓜带着现金，还有什么比这更好的打劫目标吗？读到这句话的时候，我们可以想一想自己要不要成为傻瓜，要不要成为"韭菜"。若知道自己是"韭菜"，而且会被收割，那么为什么还要立志成为"韭菜"呢？

参与股票市场投资的人，如果失败了，就多从自己身上找问题，而不能抱着"都是别人的错"的想法。如果认为自己是傻瓜或"韭菜"，最好的处理方式，就是不要参与股票市场，而且要远离股票市场。

099

在错误的道路上冲刺就是白费力气

【金句原文】

There's no use running if you're on the wrong road.

在错误的道路上冲刺，那是白费力气。

【金句解读】

出自 1993 年巴菲特写给股东的信。

在 1993 年写给股东的信中，巴菲特提到：在市场上没有好的投资机会，即无法以合理的价格买到好公司或股份的时候，不能仅仅因为公司账上有大量的闲钱，就去做那些不值得投资的事情。

紧接着，巴菲特又说："在错误的道路上冲刺，那是白费力气。"

相反，在正确的道路上，一直坚持，一直努力，一定会有所成就。

100

模糊的正确胜过精确的错误

【金句原文】

It is better to be approximately right than precisely wrong.

模糊的正确胜过精确的错误。

> **英文知识点**
>
> approximately *adv.* 大约，大概
>
> precisely *adv.* 精确地，准确地

出自 1993 年巴菲特写给股东的信。

投资，一半是科学，一半是艺术。投资，既要有基本面的定量分析，也要有关于企业的定性分析。1993 年，巴菲特在写给股东的信中，对风险的定义进行了阐述。学术界坚持把风险当作股票价格相对波动的程度，希望运用数理统计的方法，计算出一支股票精确的波动幅度的数值，从而给出衡量风险的统计值。而巴菲特指出，学术界的人忘记了一项基本的原则：模糊的正确胜过精确的错误。

对于风险，如果给出的定义本身就存在问题，那么计算无论多么精确，都像是在错误的道路上狂奔，枉费力气。格雷厄姆在《聪明的投资者》一书中提出了"市场先生"理论，把波动看作是"市场先生"，当其做出了愚蠢的行为，给出极低的价格时，人们就可以合理利用市场波动，在价格低于内在价值的情况下，果断出手，买入好公司或其部分股份。尽管人们可能无法在价格最低时买入，但我们知道，这种投资方法一定是风险最小的，也是一种适合普通人的投资方法。